オ〜イ
大谷君!!

我が人生も「三十年間」二刀流

小林正博
KOBAYASHI Masahiro

文芸社

目　次「オーイ大谷君!! 我が人生も「三十年間」二刀流」

はじめに

読者の皆さん、私の著書をお買い上げ頂きありがとうございます。私は今八十七歳の高齢で死亡適齢期の老人です（気持ちは四十代ですが、アッハッハッハー）。三十代半ばから、四十代、五十代と発表した著書がブレイクして大ベストセラー、ロングセラーになり、一躍時の人となり、それ以降は大変多忙な人生となりました。六十四歳の時に発表した著書が最後となり、その後は著書の出版はしておりません。

それがこの年になり、もう一度最後の力を振り絞り、著書を書きたいとの意欲と決意が湧いてきました。

それは〈2023 World Baseball Classic〉で日本チームが三度目の優勝を果たしたからです。あの激闘をテレビでつぶさに観戦し、この年になってもこんなに心が緊張し奮い立つのかと感激しました。特に「二刀流」の大谷翔平選手の投打に亘る大活躍に、少年のような血湧き肉躍る興奮を受けたからです。

野球の二刀流は大谷選手以外にも挑戦した方はいたようで、かの世界的に有名なホームラン王で野球殿堂入をしたベーブルースもその一人でしたが、「二刀流」で成功した訳ではありません。

「二刀流」で最初にホームランを打ったのはベーブルースだという記録が残っています。「二刀流」で日本人なら直ぐ頭に浮かぶ有名な人物は「宮本武蔵」でしょう。宮本武蔵は二刀流を編み出し、様々な流派の剣の達人との六十数回の決闘に一度も負けたことはなかったという、二刀流開祖の剣豪です。昭和三十年代に国民的人気を博した大衆小説家の吉川英治の著書『宮本武蔵』に決闘シーンの詳しい描写があります。吉川英治氏の『宮本武蔵』は発売と同時に大ベストセラーになりました。そんなことを思い出している間にふと自分の人生も二刀流の時が三十年位あったと気がつきました。私の二刀流とは、三十歳で身を投じた経営コンサルタントと、五十一歳で起業したＩＴの会社経営です。経営コンサルタントは六十八歳の時から新しいクライアントはお断りをして、既存のクライアントはタイミングを計って減らしていき、八十五歳でほぼゼロにしました。

ＩＴ会社経営は今も、代表取締役会長として未来戦略を中心に頑張っております。そんな訳で、五十一歳から七十歳代までの約三十年間は「二刀流」の人生だったということです。そして、自分で言うのもおかしいですが、まあまあ成功の人生だったと思っています。経営コンサルタントとしては多くのクライアントとの関与が二十年以上、中には四十年を超えるケースもかなりあったこと、著書が大ベストセラー、十二年を超えて売れ続けるビジネス書のロングセラーは稀有なことだと出版社からお褒めの言葉を頂いたこと、そして絶版となる時、「もう古典ですよ」と思いもしなかった言葉を部長から頂いたこと等々が成功した証と思っています。

今も現役で代表取締役会長を務めているＩＴ会社は、東証に上場する予定です。今のところ、上場準備は順調に、スケジュール通りに進んでおり、問題なく諸課題はクリアできると思っています。起業した時に将来は上場予定と社員に語っていましたので、遅くなりましたが上場予定まで漕ぎつけたので成功と言ってもいいと思っています。勿論、これで満足している訳ではなく、会長に課せられた三十年後の会社のあるべき姿の実現のため、基礎づくりをして次の世代に引き継ぐ使命に努力しております。

そんなことで考えをまとめ、「我が人生も二刀流」というテーマで本を書くことにしました。内容は大きく二テーマ。一つ目は「経営コンサルタントは私の天職」、二つ目は「起業から上場会社までの道しるべ」としました。

会社経営について私が得た知見を中心にまとめましたので、これから起業する若い人達や既に会社経営をしていて悩んでいる方、成長と繁栄を如何に継続すべきかを検討している経営者の方々に、少しでも参考になれば幸甚なりと願っています。

【第一部】経営コンサルタント編

目次

1　出生のトラブル

私は一九三七年（昭和十二年）一月一日に、新潟県六日市村（現長岡市）の実家で誕生しました。体重は六百匁でした。グラムですと二二五〇グラムです。早産児（未熟児）は出生時二五〇〇グラム未満と世界保健機関で決められていますから、私は未熟児だったのです。予定より一カ月早産だったそうですので小さかったのでしょう。当時の年齢は数え年でしたから、本当は一九三六年（昭和十一年）十二月三十日生まれだったのですが、二日もしたら二歳になるということで、出生届を十二年一月一日にしたそうです。

生まれて百日後に健康診断があり、私を取り上げた産婆さんが体重を計って六百匁と言ったそうです。母が「百日経ってこんなに大きくなったのに、生れた時と同じとはあり得ない」と抗議したら、産婆さんが「あまり小さくて可哀想だったからおまけをしておいた」と答えたと聞いています。両の掌面にスッポリ入る位小さかったようです。その後は順調に育ち、母も産後の肥立ちが良好で問題がなかったようです。

しかし、小学校に入学すると、一年生は男が十九人で私は背の高さで並ぶと前から三番目でした。早生まれで、四月以降に生まれた人と最長八カ月位の差がある訳ですから、一番背の高い大宮君には喉元位しか届かない差がありました。

誕生してから三十歳で経営コンサルタントになると決断して飛び込んだ世界で、どんな道を辿ったのかを最初に振り返ってみましょう。

それは次の三つの期間に分かれますので、ごく簡単にポイントをまとめてみました。

・誕生から家族と共に過ごした十九年
・大学生となり独り暮らしの青春と自立
・サラリーマン五年弱の経験

2　誕生から家族と共に過ごした十九年

(1) 私の最も古い記憶

私が鮮明に覚えている最も古い記憶は初めてスキーを買ってもらった時のことです。多分四歳になったばかりの一月の頃です。その日は朝から大粒のボタン雪が降り続いていました。祖父が「正博『又七（日用雑貨品や食材等を取扱っている店）』へスキーを買いに行くか」と声をかけてきました。もともと欲しかったスキーですから「うん」と喜び、蓑帽子（方言／みのぼし）をかぶり、直ぐ近くの「又七」まで手を引かれ出かけました。そして長さ約六〇センチ、巾六～七センチ、締め具つっかけのスキーを買ってもらいました。嬉しくて、帰ってからは日暮れまで、雪まみれになりながらスキーを乗り回していた記憶があります。その頃の私は人見知りで、気むずかしい子供だったと思います。内向性の強い性格だったのでしょう。その為という訳でもないですが本が大好きで、よく母や祖母に絵本を読んで読んでとせがんでいました。

小学生時代の家族構成は、祖父母、父母、私と弟、後に妹二人が生まれる。父の末の妹、信子叔母さん（女学生）、女中さん二人の八人～十人でした。

六日市村は広大な面積で小学校が三校もありました。あちこちに集落が点在していたのです。祖父は三十一歳の時から村長を務め、父は私が通った山谷沢国民小学校の先生でナンバー2の立場でした。

一年生の六月に近辺で流行していたお多福風邪と百日咳を一緒に引いて、一カ月半程学校を休みました。これらのことが未熟児というハンディと共に、小学校時代は体力のない、やせっぽっちのチビちゃんでした。新一年生は四十三人。うち男は十九人で、私は背の順では前述した通り前から三番目のちびさんでした。学校には相撲の土俵があり、相撲が盛んな土地柄でした。秋祭りのイベントとして、新一年生の顔見せと青年会の相撲大会があり、村人達にとって楽しみな一大行事でした。相撲は先生からマワシを締めてもらって取組相手と土俵に上ります。私の相手は背の順で前から二番目のちびの松栄でした。

我が家は村で四番目の地主で旧家でした。祖父は村長、父は先生で国民小学校のナンバー2

でしたから、二人共、来賓席と職員席で見守っていて、母もどこかで見ているはずですから負ける訳にはいかないと緊張しました。見物席から「正博頑張れ！」「正博ちゃん頑張って！」と色々大きな声で顔見知りの人から応援がかかりました。今年の新一年生はどんな子がいるのか、離れた集落からも、人々が興味を持って集まっていて、特に私は小林家の次の当主ですから、注目を集めていることを肌で感じていました。土俵上で行司が軍配を返し、ハッケヨイと叫んで軍配を上げると同時に頭を下げ、左手で松栄の前褌《まえみつ》を取り、押し込んで寄り倒し、ホッとしました。見物人からヤンヤの喝采でした。もし負けたら面目丸潰れになるところでしたが、初めて私を見る遠来の村人にも覚えて貰ったと嬉しかったことを覚えています。

でも未熟児だったのでなかなか背が伸びませんし、体重も軽く、六年生でやっと背が前から六から七番目でした。四年生になると学校の図書館の閲覧が自由にできるようになり、図書館の本を片っ端から読み漁り〝本キチガイ〟とクラスメイトからひやかされました。ちびの割には足腰が強く、腰のバネもよく利いたので走るのが速く、相撲も強かったと思います。

しかし扁桃腺が弱く、よく腫れて熱が出て、冬期の三学期は三分の一位学校を休んでしまいました。ただ元気な時は、遊びや運動に熱中し、ガキ大将ぶりを発揮していました。それ以外は静かでおとなしい子だったと思います。村のお医者さんの黒川先生は、「この子は大きくなったら、おじいさんのような頑丈な身体になる」と言っておられました。しかし、中学入学の身体検査で肺浸潤《はいしんじゅん》（当時の認識は肺結核の初期）と診断され、激しい運動はダメと宣告されました。多分父が手をまわしたのでしょう。体育の時間は強制的に見学となり、少々腹が立ちました。自覚症状が全くなかったので、休み時間は暴れ回っていました。二年生の健康診断では肺浸潤は全く消えていてホッとしました。この頃は精神的になんとなく落ち込んでいた時期で、勉強もほとんどしなかったので成績も下がっていました。そんな時、初めて知能検査があり、思いがけず学年トップになったのです。しかし嬉しくも面白くもありませんでした。担任の片桐先生（女性）は母との面談で、「知能と成績の乖離が大き過ぎる。一日一時間勉強させて下さい」と要望したそうです。そんな訳で母から、「一時間位勉強しなさい」とハッパをかけられました。しかし私は、「心の底ではそれは自分の問題だ、自分抜きに勝手に決めても俺は知らない」と反発していました。翌日学校で先生からも「お母さんと一日一時間勉強するよう約束したから頑張って守ってね」と言われましたが、「そんなこと知らんよ」と心の中では反発し、実行はしませんでした。その結果、小学校から続いていた優等生の賞状は一枚も貰えませんでした。母からは「お前がトップで皆を引っ張っていかなければならないのに」と小言を言われました。

(2) 新制中学校の環境

戦後の日本はＧＨＱ（連合国総司令部）のマッカーサー最高司令官の指導により占領政策を施行。それに基づき教育制度の基本的改革が行われ、今までの義務教育、小学校六年生までが三年延長されて六・三制となり、中学三年生までが義務教育となりました。私が新制中学に一年生として入学した時、既に二年生、三年生（三年生が一年生の時から新制度発足）の先輩方が在学していました。但し、私が入学した時はまだ校舎の建築中でした。グラウンド続きの小学校の体育館を借りての授業でした。校舎は五月に完成しましたが、体育館は一年後の完成でしたので、その間の体育の授業は廊下で行われていました。グラウンドは石ころだらけで裸足で走ることはできず、使用する時は全員で各々二十個の石を拾ってからスタートするという状態でした。一年もすると石ころはほとんどなくなり裸足でも走れるようになりました。何故新制度発足から三年も経ってこんな状態なのか――その原因は用地取得、校舎の建築費等々で資金が一杯いっぱいでショートしたからです。体育館は建築費の工面で一年遅れとなってしまいました。六日市村は面積だけは広かったのですが貧乏な村で予算が少なく、三年間に分割しないと環境整備ができなかったのです。

さらに困難だったのは中学校の教諭の確保でした。片田舎の新制中学に先生として来てくれる方はほとんどいなかったのです。そのため、代用教員を採用し、半数以上が免許のない代用教員でした。商業高校、工業高校、農業高校等を卒業した若い人を採用し、臨時の先生としたのが代用教員です。ですからレベルは低く、生徒にバカにされることが多く、色々なトラブルが生じました。例えば国語の代用教員が「徒然草」を「とぜんそう」と読み、生徒に「先生、それは『つれづれぐさ』と読むんです」と指摘され「あーっ、そうか！」と言ったことがアッと言う間に全校に広がり、あいつはバカだと生徒から軽蔑され、授業にならなかったとか色々でした。

私が一番困ったのは英語でした。一学年の人数は百人程で二クラス（一クラス五十人強）、全校で六クラスになりますが、免許のある英語の先生はたった一人でした。一人で六学級教えることは無理でした。そんなことで一年生の英語は、商業高校出の国語の代用教員でした。初めて習う学課でもあり皆が興味を持っていました。最初の三カ月は単語を黒板に書き、犬ならドッグ、家ならハウスと皆で覚え、全員でドッグやハウスと声を出して単語を覚える練習をするということで誤魔化していましたが、四カ月目からリーディングに入り、二十四科あった科目が九カ月でわずか八課しか進まず、代用教員の先生はギブアップしてしまいました。六学級に一人の本ちゃんでは手が回りませんから、「お前、国語を担当しているんだから、英語も勉強すればできるだろう」と因果を含めて押しつけられたのでしょう。高校に進むと、六日市中学からひどいのが入ってくる、二年は遅れていると酷評されました（当時は高校入試に英語はなく、入学してから実力テストがありました）。

中学に入学する前に渡された教科書が一抱えもあり、中学校はこんなに沢山勉強するのかと驚いたのですが、一年が終わっても教科書はほとんど手つかずでそのままでした。代用教員の先生は得意部分が限られているので、教科書の中で自分が教えられる部分を抜き出してプリントし、誤魔化しの授業をしていたのです。そんな田舎の最低レベルの教育でしたから学力は低く、二年遅れも当然でした。しかし生徒達は自分勝手に騒ぐこともでき、サボって数人で近くの川で魚を捕って遊んだりしていました。学級崩壊があちこちで起こっていましたが、誰からも止められず放ったらかしでした。生徒達には、学校は楽しく面白かったのです。ほとんどの生徒が農家でしたから、学校を休んで親から農作業の手伝いを強いられることも多く、息抜きできる学校を自分から休むことはありませんでした。

三年生になると高校進学か就職に分かれますが、私の時は百十人位の内、進学希望は高校（普通科）四人、商業五人、工業二人、農業二人の十三人が高等学校進学希望でした。女性はゼロで、ほとんどが紡績工場に〝金の卵〟として就職しました。

三年生の初頭に高校進学模擬試験があり、進学しない者も含めて学年全員が参加しました。成績発表は各人宛に知らされ、公表はなしでした。私の成績は僅差で二位。自分でも驚きました。小学校時代から何かにつけて私を標的にしていた正雄が「正博、得点比べをしよう」と言ってきたので返ってきた答案を渡し、「お前が計算しろ」と言いました。正雄が両者の得点を比べて集計していましたが、途中まで「リード、リード」と声を上げていたのですが、段々と声が小さくなり、最後の方はがっくりした様子で私に、「お前は一番か二番だな」と呟きました。その様子が如何にも面白く、私は笑いながら、「模試はこれから何回もあるから頑張ればいいねか」と励ましました。正雄は頭もいいし、よく勉強していて学年でもトップの成績でしたが、私の方はライバル意識は全くなく、自然体でした。彼は後にマラソンやスキーのディスタンスでリレーの選手として頑張っていました。

私が受験した普通科高校は新潟県で二番の歴史ある長岡高校です。募集人員は三百五十人で七クラスでした。受験者は三百六十人強で不合格は十人位ですから大丈夫と思っていましたが、母が心配していました。中学校のひどい環境を知っていたからでしょう。私はまさか不合格十人の内に入るとは思っていませんでした。結果は四人受験、不合格一人でした。私の成績は百七十三番という真ん中位でした。

(3) 高校入学で驚いたこと

高校の入学式での結城校長先生の訓辞を今でも覚えています。主旨は、「君達はもう中学生ではない。中学生と高校生の違いは、中学生は先生から色々と教えてもらって勉強するが、高校生は自《みずか》ら進んで勉強することだ。先生は教えるのではなく、君達の支援、すなわち勉強を助けることが役割だ。丁度ひよこが卵の硬い殻を内側から口バシに血を滲ませながらコツコツと突っ突き破ろうとすると、親鶏が外から殻を突っ突いて破る助けをする。生徒と先生はこの関係だ。だから、自から努力しないと成長はない――」というものでした。私は初めて本物の先生に出会ったと感動したものです。

さて授業が始まると、新潟大学附属中学出身の五人のクラスメイトが抜群のできで驚きました。聞いてみると中学校で高校一年の一学期までの教科を全て学んできているとのことでした。

確かに自分達は二年遅れの学力だと痛感しましたが、劣等感はありませんでした。母の兄が旧制長岡中学（長岡高校）を出て、一高（東大）に進み、工学部をトップで卒業し、天皇陛下から恩賜の銀時計を貰っていましたから。自分にもその血が多少とも流れているからやればできるという思いでした。ようやく心にエンジンがかかった瞬間でした。

⑷ またもや病に倒れる

高校に進んだ時はようやく未熟児のハンディから抜け出たようで、身体もがっちりしてきて背も百六十センチを少し越えて、体育の先生から均整の取れた良い体格だと褒められました。ところが「好事魔多し」と言いますが、五月の連休が終わった直ぐ後に、学校の帰りの汽車の中で吐き気を感じ、十分程それを我慢していましたが、下車駅に着いたとたん、ホームで吐いてしまいました。家まで五分程でしたがほうほうの体で辿りつき、そのまま家に運び込まれ、黒川医師の往診を受けました。診断は「流行性肝炎」で、近郷近在で流行っている黄疸《おうだん》ということでした。このため五月中旬から七月上旬まで学校を休むことになりました。丁度一学期の期末テストが七月二十日過ぎに三日間あり、主要科目である英語、数学、国語の三科目はビリから五十人が夏休みにそれぞれ二週間の補習を受けることが決まっていました。約二カ月も休んだ私には大変厳しい試練でした。もう補習に呼ばれることは間違いないと覚悟しました。六日市中学出身の三人の誰が呼ばれるか心配でした。試験範囲は休んでいた時の分がほとんどで、全て復習するには時間が足りず、また休んでいる間に進んだ所は独学では理解不十分と考え、出そうな所に山をかけ、勉強の効率を考え計画を立てました。結果はなんとか補習を免れることができました。多分スレスレだったのだと思います。他の二人は残念ながら補習にひっかかり、休みなしの夏だったと思います。この結果は村中に広まり、「二カ月も休んだ正博が補習に呼ばれず、他の二人は休みもしなかったのに呼ばれたそうだ」ということで村人の間で少し私の評価が上がったようです。二学期は回復して元気になりました。この病気でどうやら病抜けしたようで、以降は頑健と言ってもいい位の身体になりました。

(5) 勉強時間が足りず成績上がらず

勉強の方は毎日二時間やっていたのですが、成績は上がりませんでした。クラスメイトに帰宅後何時間勉強しているのか尋ねてみると、ほとんどが四〜五時間で、夜中の一時〜二時まで勉強しているとか、家庭教師に手伝ってもらっているとか、私の倍以上の努力をしている者がほとんどでした。これじゃ離されるだけで差は縮まらないと思い、夜の七時半から夜中の二時まで、すなわち六時間半の猛勉強をしました。高校二年の時、たった一度ですが数学の一学期のテストで九十八点を取り、学年トップになりました。マイナス二点は、計算は正解なのに答えを書き写す時に数字を間違えたケアレスミスでした。それでも担任の町田先生から、「小林は最近頑張っているね」と言われ嬉しかったことを覚えています。しかし〝二年遅れ〟のハンディはなかなか縮まらず、中学時代の基礎的勉強が抜けていることが一つの原因となっていました。

⑹ 高二の時、修学旅行解禁で人生の第一歩を決める

高二の三月に修学旅行が解禁となり、三泊四日で実施されました。そこで人生の第一歩を踏み出すカルチャーショックを受け、進むべき人生の第一歩を決めました。

修学旅行の第一泊目は夜行列車の中でした。早朝京都に到着し、バスで嵐山観光に行きました。そして渡月橋から見る風景に強いカルチャーショックを受けたのです。私の故郷とは全く違う風景でした。明と暗と言ったらよいのでしょうか、渡月橋の端に大きな看板があり、墨で黒々と孫文の望郷の詩が大書されていて、百五十五メートルの渡月橋の下は大堰川（桂川）が静かにさざ波が心地よい音を立てながら流れ、対岸の山並は春の陽光に光り輝いていました。私の故郷は三月下旬でも田には所々に残雪が残り、見渡す限り雪解けの田んぼです。私は、まるで印象派の光り輝く絵のような嵐山の景色にカルチャーショックを受け、学生時代は京都に住んでみたいという気持ちが高揚したのです。「大学四年間の住居は京都にしよう！」という考えです。そうすると行ける大学は、授業料が年間六千円と安い国立の京都大学しかない。しかし今の私の実力では、合格には遠く及ばない。これを高三でどれ位縮められるか――色々な思いが次々に浮かんできました。高校入学時に〝二年遅れ〟と言われたが、一年過ぎて多少追

いついた。しかし、未だ合格には程遠いとわかっていました。でも生来が楽天家であったようで、あまり気にもしませんでした。とにかく頑張って差を詰めることしかないと決意しました。ですが高校は二年生の時も、三年生の時も、夏の全校水泳大会、秋の大運動会で運動では誰にも負けないトップの実績を上げ暴れまわりました。

⑺ 高三から受験一色の勉強となる

高三になると学校の授業が受験一色となり、各人の志望大学の調査がありました。京都大学経済学部と希望校を書いたら、ホームルームの時間に皆の前で担任の先生から「逆立ちしても入れない大学志望の者もいるが、分相応の大学を選ばなければダメだ」と叱責されました。名前こそ言われませんでしたが、私を指していることは明らかでしたから。

私の反応は、「お前如きに俺の人生を決めつけられてたまるか！」という反発だけで、声は出しませんでした。そんな訳で現役合格は高い壁に跳ね返されることになりました。浪人一年目は東京の予備校に行ったのですが、田舎者でしたから東京の生活や空気が合わず、七月初めに帰省し、家で勉強することにしました。そして或る時、ふとしたことで両親の話を洩れ聞いてしまいました。

⑻ 父の心情に心が揺れる

父は、「正博が医者になってくれるといいんだが」と母に言っていました。それは農地解放や新円切替等々、戦後の国策で地主だった我が家の田や畑が国に取り上げられ、経済的に困窮していた時でした。私が医学部に受かったとしても、六年間もの学費はどう考えても続かない。途中退学でもしたら、私の人生は狂ってしまう、そう思いました。

父の思いは、没落した小林の家を復興させるには、私が医者になりお金を稼げるようになることが最短の道で、自分にはもうそんな力はないとの思いがあったのでしょう。中学二年の時、不在地主の土地は取り上げられることになり、父は教師を辞めて在宅地主となり、小林家がそれまで所有していた田と畑の三割位を守ったのです。そして長野県の繊維会社の下請けの仕事をするため小型の機械を五台程購入してラジオの間《ま》に持ち込み、長野までわざわざ研修に行き、一カ月程で戻ってその機械をいじっていました。

或る日学校から帰ると、機械が全部なくなっていたので、母に「どうしたの？」と聞くと、「お父さんダマされてしまったの」との一言だけで何も言ってくれませんでした。私は真面目で誠実な父が商売をやってもきっと上手くいかないだろうとずっと思っていましたから、やっぱりダメだったかと心が痛みました。これによる家庭騒動は全くありませんでした。皆が沈黙を守っていました。祖父はその時分、五十五歳で村長職からリタイアして、毎日畑に出かけて野菜づくりに専念していました。祖父が村長を辞め、父が教師を辞め、我が家は現金収入がゼロになり、経済的に最も苦しい時期でした。でもそんなことは私達子供に知られるような言動は全くなく、平穏な家族関係が続いていました。父が二年のブランクを経て、元の小学校の先生に復帰して、ようやく我が家は経済的に少し楽になったようです。

そんな経緯もあり、父は私に医師になって欲しいと期待したのだと思います。私は一年の浪人では京大合格は賭《か》けだと思っていました。一計を思いつき、医学部や他の国立大学も受験し、全部不合格になれば、行く所がなくもう一年浪人ができるだろうと考えたのです。受験はするが自発的に全部不合格となる。そうすれば仕方なくもう一年の浪人は許されると踏んでいたのです。しかし現実は、母が「全部落ちるなんておかしい。どこかに合格してもいいはず」とブツブツと呟くのを耳にして、ヒヤッとしたことを覚えています。

その年の京大入試の問題を取り寄せ自己採点をしてみました。その年は京大経済学部の合格最低点は何時もより十点も低く、チャンスだったんだと思いましたが、後の祭でした。自己採点では最低点を少し上回っていました。まあ採点者の点数は自己採点とは違うから運よく合格してもビリに近いなと思いました。

従って二年目の浪人生活は楽しいものでした。時間はたっぷりあるし、学力は京大合格最低点を超えているとの自信で心に余裕が生まれたのです。自分の貯金で通信教育を受けました。英、数、国の三科目の問題が月に二回送られてきて、提出すると赤ペンで添削し答案と解答が一緒に送られてくるというシステムです。春の最初は真《ま》っ赤《か》っ赤《か》の答案が返ってきましたが、秋になると高得点者としてランク入りするようになり、自分の実力が確実に上がっているると感じるようになりました。そして、最後の仕上げとして難問集を購入して、一日に三十問を毎日取り組みました。二カ月（十一月と十二月）で約二千問を解き、面白い問題にはチェックをし、後でもう一回復習をして実力アップに努めました。特に数学の難問に興味があり、解き方のユニークさが身につきました。

⑼ 祖父の死去

年が明けた二月初めに祖父が風邪を引き、それがなかなか回復せず、とうとう二月十二日に死去しました。十年程前にも一度倒れたことがありました。村長をリタイアして五年後位でしたか、朝食を食べている時、箸をポロっと落としたので驚いていると、ご飯を盛った茶碗も落とし前のめりになりました。まるで映画のスローモーションを見ているようでした。父が慌てて抱き起こし、祖母は奥の間に布団を敷くのに走り、母と信子叔母さん、走って戻った祖母と私の五人で抱えて祖父を運んだのです。十分後位に直ぐ黒川医師が走って往診に駆けつけ、診断は軽い中風《ちゅうふう》（脳卒中）でした。医師が帰ると祖父が大声で、「オーイ、新聞持ってこい」と叫んでいるのが聞こえ、もう大丈夫だなと思ったことがありました。しかし、今回の風邪は肺炎を引き起こし、七十八歳で死去しました。生前、八十歳まで生きるとよく言っていたのですが、それは叶いませんでしたが、当時としては長寿だったと思います。それから葬式、法要と色々な行事が続き、受験勉強は一時中断となりました。最後にもう一度チェックしようとメモしていた所はチェックできませんでした。

特にへエーッと思ったのは、世界史の試験の穴埋め問題でした。一九五二年二月（昭和二十七年二月）、試験の五年前に起きたエジプトのクーデター事件、その後主謀者のナギブ中将と部下のナセルが三年後に対立し、ナギブを裏切ったナセルが再度クーデターを起こした事件が題材でした。今まではエジプトの歴史など出題されたことがない時事問題でした。幸い頭に入っていましたので、ナギブ、ナセルで四点稼いだと思ったものです。

⑽ 入学試験当日、試験の罠に嵌まる

大学入試は三月二日～四日の三日間でした。初日の午前は国語でした。漢字の書き取りで、「庭の□れ《はな》の茶室」の□に漢字を記入する問題でした。あ～っ距離の離の字だなと思っていざ書こうとすると頭が回転せず、離の字が浮かばないのです。これが入試の罠という奴かと思いました。いくら考えても離の字が頭に浮かばず時間切れとなりました。他の問題は順調に解答できたのにと悔しかったのですが、外に出たとたんに離の字が浮かび二点損をしたと思いました。一点違うと百番順位が違うと言われていましたから、本当に悔しかったです。

その年の経済学部の受験者は千四百六十人で合格者は二百人でしたから、二点損して二百番下るということで、午後からの数学で挽回しなければと緊張しました。午後の解析Ⅰは五問で

百点満点でした。一問～四問までは基礎的な問題でスラスラと解け、五問目が超難解な問題で、これが合格のキーポイントだと思いました。しかし、難問集で類似問題があり興味を持って何度か復習しながら解いていたので、直ぐに解答することができました。最後は素数の問題でしたが、これは経済学部の受験生はまず正解できないだろうと推測される高校の範囲を超えた難問でした。二時間の内一時間かけて悪戦苦闘しましたが、解答は出したものの正解であるとの自信はありませんでした。次の解析Ⅱは全問解答がスラスラとできたので、部屋に帰って「今度は合格した」と実家にハガキを出しました。合格発表は頼んでおいた電報でいち早く知りました。少し遅れて京都に住む叔母さんが見に行ったらしく、電話で「合格おめでとう！」と連絡を頂きました。後日、合格の正式通知がありホッとしました。

3　大学は正に青春真っ盛り

(1) 一夜明けると私は秀才になっていた

合格発表の前夜は心が高ぶり、なかなか眠れませんでした。朝の十時に合格者の名前が法経教室の入口辺りに貼り出されることになっていました。京都の叔母が発表を見に行って報告してくれることになっていましたが、私は電報で合格者に祝電を打ってくれるサービスも頼んでおきました。

後で聞いた話ですが、当日母が朝から出かけていて、用事が済んで帰宅途中に顔見知りの郵便屋さんに会ったそうで、我が家に電報が来たか否かを尋ねたい衝動に駆られたそうですが、怖くて聞けなかったそうです。駆け足で急いで家に戻って合格を知り、胸のつかえが取れたと言っていました。電報を仏壇に供えてお礼を言ったそうです。昼の十二時前に京都の叔母から電話があり、「おめでとう合格しました。名前がちゃんと書いてあったよ」との報告がありました。当時は未だ電話は、実家の前にある菓子屋と医師の黒川先生宅にしかなく、菓子屋の小母さんから電話ですと家に知らせがあり母が走って行ったのです。次の日の朝刊にはかなり大きく【京都大学経済学部合格者】の名前が載っていました。新潟県からの合格者は四人でした。新潟高校二名、長岡高校から私一人、高田高校から一人の計四人です。眠れぬ夜から解放された新聞発表の次の日、父が「お世話になった高校に報告も兼ねてお礼の挨拶に行ってきたらどうだ」と言うので、そんな必要はないと心の中では思いましたが、ここは素直に従った方がいいかと思い直し出かけました。

外に出て、顔見知りの人が「正博さん、おめでとう」とか「凄いね」とか何時もと違う様子で接してくれるので驚きました。今までとまるで私を見る目が違うので、世間とはこんなものかと唖然としました。俺は俺で、今までと少しも変わらないのにと不思議でした。

私は相変わらずの不愛想な生返事で、「ああっ」とそっけなく頭を下げただけでした。高校では「逆立ちしても入れない」とボロクソに言った元担任の先生の態度が豹変していて、「君の名前を書かせてもらったよ」と、廊下に貼り出された各大学の合格者の名簿に案内してくれました。職員室では他の先生方に、「京都大学経済学部に合格した小林君です」と、さも自分が育てて合格させたような言動にムッとしました。先生方はオーオッと声を上げて立ち上がり、拍手喝采でした。教頭先生が、「京都大学の経済学部は難かしいよね」と、労《ねぎら》ってくれました。その後も全く知らない方からお祝いの言葉を、祖父や父、母が頂いたそうです。祖父の死を知らなかった遠くの方から、新聞で知ったと祝電や手紙が十数通届いたそうです。祖父は長年村長をしていましたから近隣では名が売れていたのでそういった方々から、父は学校の先生方々から声がかかったのでしょう。母は村人や知人からお兄さん以来の快挙ですねと言われたそうです。

こんなこともありました。高一の時に隣同士の机だった高橋君という級友がいたのですが、彼は強い内向性の性格で、何時も物静かで口数も少なく、黙っていておとなしい人物でした。しかし試験の点数は常に高得点で正に秀才でした。彼は一浪して東北大学医学部に既に合格していたのですが、医師である高橋君の父親が患者さんに、「この辺では誰も入れない大学に息子が行っている。滝谷の小林さんの息子さんとは高校の同級生で、彼も京都大学に受かった」と、私も含めて息子自慢をしているという話が伝わってきました。私は成績が悪く、どん底からはい上がったのに、今は秀才と世間は評価している。人格は何も変わっていないのに世間とは恐ろしいものだということを改めて実感しました。高橋君のお父様には家族も私もお会いしたこともなかったので、「そんな所まで話が伝わっているの？」と母は怪訝な顔で呟いていました。

(2) 入学式で学部長の挨拶にハッとする

京都大学の入学式は、新入学生（一回生）全員で千五百人位でしたが、一堂に会して挙行されました。式には父も母も出席してくれ、総長の挨拶があり盛大でした。

別の日に経済学部入学の集いがあり、経済学部長の式辞がありました。入学式での総長の話は全く思い出せませんが、学部長の話にハッとしたことを今も覚えています。それは、「まずは皆さん合格おめでとう。特に「経済論叢《けいざいろんそう》」（経済学部で発行している売れない月刊経済雑誌）を一年分購入して頂いたことに我々も助かりホッとしています。皆さんにお礼申し上げます」と頭を下げて笑いを取り、次に「ところで、今皆さんは長かった受験勉強から解放され、今はなんとなくワクワクワクした気分でしょう。やっと自由になれたと思って一息ついていると思うが、勘違いしては困る。大学で自由なのは、研究に対してのみだということで、日常の生活は社会のルールに従って京大生というプライドを持って日々を送らなければならない。何でも自由だということではないことに気を配りなさい――」という話にハッとして、その通りと身が引き締まりました。そんなことから新しい大学生活がスタートしました。

当時一回生千五百人は全員が宇治分校での学びでした。二回生からは吉田本校での学びとなりました。

ります。宇治は茶所として有名でしたが、茶畑が延々と続く田舎町で、街の賑わいはない静かな土地でした。また、宇治分校の近くには絢爛豪華な宇治平等院と黄檗《おうばく》宗大本山萬福寺がありました。そして宇治分校の隣は陸上自衛隊宇治駐屯地で、何だか変な取り合わせだなと感じたものです。別に不都合なことはなく、単なるお隣さんという程度で一年が過ぎました。宇治には淀川が流れていて、京都府内では名前が宇治川に変わります。

(3) 大学四年間の目標を決める

経済学部長の話に触発された訳ではありませんが、まずは大学四年間の生活目標を決めようと考えました。そして次のように三つの目標を立てました。

第一、八学部に一人以上の友人知人をつくる
第二、良き師（先生）を見つけ学ぶ
第三、勉強しよう

四月にはまずクラス編成があり、私は四組となりました。二百人が一組から四組まで五十人ずつに組分けされたのです。第二外国語の選択が独語か仏語かで、英語は必須でした。大部分の新入生は独語を選択し、仏語は二十人位でした。仏語を選択した者は全員が四組（Ｅ４組）

でした。仏語を選んだ者はかなり個性的で、今の言葉で言うどこかトンガッタ奴が多かったように思います。私が仏語を選んだのはごく単純な理由です。仏語でイヴ・モンタンの「枯葉」を歌えるようになりたいと思ったからです。京都市内の「フレンチカンカン」という喫茶店で仏語で歌を教えていて、ここに通って覚えようとしていました。四月初めの頃です。でも京都市内まで出かけるのは遠く、心に決めていたものの実行は大分後になりました。

四組のクラスの初会合があり、全員の六〇%弱、三十人位が集まって自己紹介をしたり、コミュニケーションを図る食事会がありました。色々な人物がいて、勉強一筋で頑張った人、消極的で声も小さく女形みたいな人、左翼的な考えの人、突っ張った人等、多士済々な人達の集まりだなという感じでした。翌日、階段教室の上段に腰かけていると、昨夜の会合で見かけた痩身で怖い顔をした同じ組の人が手製の名刺を差し出して、「生駒です。友達になって下さい」と声をかけてきました。昨夜の会合でもちょっと気になっていた相手でしたから、「あーあっ、いいよ」と即答しました。授業終了後に話してみると、阪急線の夙川《しゅくがわ》にある家から二時間かけて通っていて大変だとのことでした。そして大学では空手をやり始めたと言っていました。彼が第一号の友人となりました。

休憩時間にキャンパスを一人でぶらぶらしていると、大勢の学生も同じく好奇心の目つきでふらふらしています。その中で着流しの和服姿で雪駄を履いて、パイプを吹かしながらぶらぶら歩いている目立つ人がいました。何者だろうと興味津々でした。どんなきっかけで友人になったかは忘れましたが、一週間もすると友達になっていました。藤原君です。彼は広島の呉市出身で、文学部に三浪して入学したこと等を話してくれました。文学についての知見に富み、世慣れた感じがしました。それ以降四回生まで一緒に京都のお寺参りや麻雀、玉突き、喫茶店巡り等々、色々と影響を受けることになります。四回生の春頃から時々頭が痛いんだとボヤいていましたが、就職も早くも九月に日本ＩＢＭと博報堂に内定し、どっちにするか迷っていると相談されました。彼は、「ＩＢＭなんて聞いたこともない外資だが、初任給が一万九千八百円と高い。博報堂は一万六千円で他社と同じで、どちらにするか悩んでいる」とのことでした。「お前は経済学部だから日本ＩＢＭを知っているだろう?」と聞いてきたのです。私は、「日本ＩＢＭなんて聞いたことがないから、博報堂の方がいいよ」と言いました。同じ下宿で一年下の山本君の伯父さんが博報堂の専務さんでしたので、何かあったら山本君の友人だと頼ったらいいとの腹積もりもあり博報堂入社を勧めたのです。しかし彼は、四回生の九月末頃に京大の大学病院で脳腫瘍が見つかり手術を受けたのですが、帰らぬ人となってしまいました。お父様は早く亡くなられ、お母様が高校の先生をしながら藤原君と妹さん二人のお子様を育てておられ、悲しみは深かかったと思います。私は彼を知る者に声をかけ、五十人程から志を集め、香典を二万五千円(今なら二十五万円位)程差し上げました。専門学校の二年生だった妹さんも看病に来られ、私の下宿先にも来られました。妹さんは山本君が気に入ったのか、かなりのアタックに彼も困ったようでした。そんな陽気な二十歳の女性でした。藤原君の死後しばらくしてお母様も亡くなられたと在学中に聞きました。独りぼっちになった妹さんのその後の消息は全く分からず、今でも気になっています。

その他、下宿が近かった文学部の岡田君や理学部の山田君等々と友人になり、知り合いがどんどん増えていきました。四月はそんな一カ月でした。

(4) ボートの対抗レースに応募する

さて五月になると、一回生による学部対抗ボートレースが六月に開催されるというポスターが貼り出され、選手の募集がありました。

当時は七年後の一九六四年（昭和三十九年）に東京オリンピック（第一回）が開催されることが決まっていました。京大のボート部は強く、東大、一橋、早稲田、慶応と並んでオリンピックのボート競技「エイト」の有力候補に上がっていました。「エイト」とは八人乗りの漕ぎ手とコックス（全体の調子をみたり、声を出して励ましたり、ペース配分やリード等の指令塔）とで二千メートルのスピードを競う競技です。オリンピック出場の可能性ありと言うことで、もう代表になったような熱気に溢れていました。私は、面白そうだ、やってみるかと応募して、瀬田川の合宿所に泊まり込み、約一カ月の練習が始まりました。オリンピックは「エイト」が花型で、漕ぎ手は身長が百七十五センチ以上ないと、一ストローク（一漕ぎ）が小さくなり選手にはなれません。学部対抗は「シックス」という漕ぎ手六人とコックス一人の計七人で、確か六百メートルだったと思いますが、スピードを競い合います。船が進む方が船首で後ろが艇尾です。コックスは艇尾に座り進行方向を見るので、全体の動きを読みながら指示を出します。進行方向に背を向けて一番前に座る人を「整調」と言い、次が二番、三番、四番、五番と続き、最後を「バウ」と言います。「整調」は漕ぎ手として残りの五人のリーダー役ですから皆は「整調」にオールを合わせて漕ぎます。経済学部の「整調」は高校時代にボートを漕いでいた経験者で堀川君でした。残りの五人は私も含めて初めて漕ぐ未経験者でした。コックスは飯田君、「バウ」は山浦君でした。確か五月の連休に瀬田川にある大学の合宿所に引っ越し練習がスタートしたと記憶しています。

最初は陸でオールを漕ぐ練習で、先輩のコーチがつきっきりで指導してくれました。三日間程でそれも終え、いよいよ水の上での訓練に入りました。瀬田川の上流に向かってゆっくりゆっくり漕ぎ上がるのですが、オールが合うようになるまでには一日~二日かかりました。練習は早朝五時に一本千メートル位を全力で漕ぎ上げ、向きを変えてゆっくり流しながら下ります。これを五本位繰り返して朝食となります。合宿所では文学部のクルーと一緒になり、直ぐ仲良くなりました。荒木君もその一人で交流がずっと続きました。先輩から、「学校に行かなくてもいいぞ」と言われ、そのまま練習が終日続きました。ハードな練習でしたが直ぐに慣れて午後三時には上がり、勉強の時間となるのですが誰も勉強などせず、近くの石山寺に出かけたりしていました。石山寺は紫式部が源氏物語を執筆したお寺で、当時の部屋や小机等も本物かどうか分かりませんが一式揃っていました。
練習も残り一週間位となった終わり頃にはオールの扱い方も上手くなり、息が合うようになりました。今日はこれが最後になるという下りの一本は皆で「琵琶湖周航の歌」や「逍遥の歌」を口ずさみながらゆっくりと漕いで下ったものです。今考えてみると正に青春真っ盛りの時そのものでした。特に「琵琶湖周航の歌」の二番の歌詞にある「はかない恋に泣くとかや」の女性がいるのかが気になっていました。でもそんな様子は窺えませんでした。大正七年に制定された三高（京大）水上部の部歌でしたから、当時はそういうことがあったやも知れませんが。

「琵琶湖周航の歌」

（二番）
松は緑に 砂白き
雄松が里の 乙女子は
赤い椿の　森陰に
はかない恋に　泣くとかや

「逍遥の歌」

（一番、二番）
紅《くれなゐ》 もゆる丘の花狭《さ》緑《みどり》匂ふ岸の色
都の春に嘯《うそぶ》けば 月こそ縣《か》ゝれ吉田山
緑の夏の芝露に 残れる星を仰ぐ時
希望は高くあふれつゝ われらが胸に湧きかへる

⑸ 荒木君とシカゴで再会

後日談になりますが、大学卒業から十二年目に、私は「優良企業視察団」の一員として渡米しました。シカゴで一人でバスに乗り座っていましたが、入口付近に立っている男性が荒木君によく似ていて、立ち上がって近づき、「荒木じゃないか?」と声をかけました。相手もふり向いて驚いた顔をして、「小林、なんでこんな所にいるんだ?」と言いました。バスの中で立ち話をして、「今日は用があるが、明日は時間が取れるからホテルへ訪ねて行く」と約束ができました。

翌日話を聞くと、荒木はシカゴ大学に留学中で、中曽根総理が訪米した時は通訳をしたりして研究に励んでいるとのことで、専門は宗教学とのことでした。そして今日は面白い会社に案内してやるとシアーズ・ローバック社（当時は通販で世界最大手の会社でしたが二〇一八年十月に倒産）に連れていってくれました。荷造りをしている所が一番面白いと言うので二階の見学通路から下を覗くと、一階で黒人の女性が数十人で荷造りをしていました。荒木が「明日は臨時休業と紙に書いて貼り出したらどうなると思う」と言うので、「それは皆が喜んで大騒ぎになるのでは?」と言ったら、「何も起こらないよ」と言うので「エッ、どうしてだ」と尋ねると、「彼女達は字が読めないから何も起こらない」と笑って答えてくれました。そして、「アメリカは移民が多く、平均して識字率は七〇%だ。日本はほぼ一〇〇%。但し天才的な頭脳を持つ人は日本人の十倍位だ」とのことでした。ワシントンは特に黒人が多く、色の黒さで五段階に分かれていて、より黒い方が支援金が高い。移民は貧しい人が多いので、そんな支援を政府がしていると教えられました。

荒木は後に帰国して筑波大学の哲学担当の教授に就任しました。本当は宗教学を教えたかったのですが講座のある大学が日本には三つしかなくて空きがなく、哲学をメインに教えることになったのです。シカゴで出会った時は、「ホテルの廊下はジャングルだと思え、ホテルのドアはきちんと締め、内鍵を掛け、鎖でつなぎ、キーを差し込んで、寝る時は四十ドルを鞄の中に置いておくこと。そうすればドロボーが侵入してきても、それを見つけて退散する。決して起きるな、気がついても知らぬふりをしていること。騒ぐと殺されるかも知れない。殺人などは新聞のニュースにもならない。ニュースになるのは犯人とピストルで相撃ちで二人共死んだら記事になる」と教えられ驚きました。さらに、「外出する時は胸ポケットに四十ドルを丸めて入れておけ、ウインドー・ショッピングをしている時など後ろからピストルを突きつけられたら、四十ドルをできるだけ遠くに投げて走って逃げろ」とアドバイスされました。アメリカはどういう国だ、治安は日本と全然違う怖い国だと緊張しました。

(6) ボートレースで二位となり生駒君との共同生活がスタート

京大春の恒例行事、ボートの学部対抗レースは六月初めにあり、経済学部のクルーは第二位となりました。合宿生活も終わり久し振りに下宿に戻り、生駒君にも会いました。彼のお父さんは大阪工業大学の教授で、日本で初めてジェットコースターを設計した方でした。今は体調を崩して半年程前から入院されているとのことでした。生駒君は家から通うと二時間もかかるので下宿することに決めて既に引っ越し済みでした。大学から徒歩二十分位かかる宇治川を越えた百姓家の離れの二階で、十畳の京間というかなり広い部屋でした。彼が「一緒に住まないか？」と誘ってきましたので、下宿料も安くなるし、狭い四畳半の下宿から引っ越しました。

六月中旬から入学後初めてのテストが始まるので、二人で勉強する方が効率的という考えもあってのことでした。一学期の教養の期末テストでしたが、そう緊張することもなく一週間位でテストは終了しました。高校のテストとは全く違って、「〇〇について述べよ」という小論文のテストですので、関連するキーワードを四～五個知っていれば、それを上手に配置して文章をつなげれば五十五点以上の点数で単位は取れます。前述したように高校時代から小論文は得意でしたので、単位の取得は簡単でした。学部対抗のボートレースに参加したので、先輩のコーチがテストの裏技を色々と教えてくれました。そのノウハウが大変面白く、もし活用すれば役に立ちそうでした。そのノウハウは主に次のようなものでした。

(7) テストで高得点を取る裏技（先輩のノウハウ）

まず褒める。おだてる。尊敬している。この三点を論文のどこかで表現することが大切。この三点を出題者が感じ取れば、誰もが悪い気はしない。先輩の言う〝褒める〟とは、「先生の講義は分かり易く、専門用語でよく分からないものはメモして後で図書館で調べていますといったこと。〝おだてる〟とは、例えば「先生は将来大学の中心となられる人だ」とか、「出世する」とおだてたりの記述。「先生の講義を楽しみにしています」、「友人にも同じ考えの者が多いです」などです。〝尊敬している〟とは、「自分も将来は尊敬する先生のような大学の教授を目指すつもりです」とかです。

さらりとどこかでこの三つのキーワードをからめた文章が強力な味方となる。そしてまずは小論文全体の筋立てを考え、小見出しを四〜五項目位に分ける。小見出しを読めば全体のおおまかな筋立てが分かるようにする。書き出しが大切。まずはテーマを褒める。先生の講座を取って良かったとか、素晴らしいテーマだとか、その場に応じ臨機応変に考える。

そんな調子で文章の中でおだてること。先生は将来大学の柱となって活躍される方だとか、総長候補にもなられる方だとか、おべんちゃらをさらりと入れる。まとめには尊敬している意の文章を忘れずに入れる。

(8) 何時も講義の中で感服

先生の慧眼に感服している旨の言葉でもいい。こんなことは自分の本心を偽っているようでイヤだと言う奴は、世の荒波を乗り切れない。清濁併せ呑むようでないと人生に成功しないぞと説教されました。以上が出題者をホメ殺しにする術だ、後は勝手にしろ、赤点で単位が取れそうもないと思ったら、この術を試してみろとニヤッと笑って終わりとなりました。面白い話で参考になりましたが、私は別にこの術を使わずとも思っていたより高得点で、必要単位は取得できました。そして先輩が経験談として面白い話をしてくれました。

物理学のテストで「天皇制と物理学の関係について述べよ」との出題があり、苦心して次のように答えたそうです。湯川先生が日本人として初めてノーベル賞に輝いた時でしたから、主旨は「敗戦により天皇陛下は神から人間に降下され、天皇制の地位は残念ながら降下しましたが、物理学は湯川先生がノーベル賞を受けられ、その地位は世界的に上がりました。よって天皇制と物理学は反比例の関係にある」と。六十五点だったそうです。余程考えてひねり出した珍解答ですが合格点でした。先輩は苦笑していましたが、約百人位の受験者だったそうですが、ただ一人百点を取った人がいて、その方に「お前は何と書いた？」と尋ねたそうです。彼の返答は「字を三文字書いた」というもので、その回答は「無関係」だったそうです。物理学の先生は、「お前達は受験勉強で頭がコチコチに固まっているから、もっと柔軟な発想を持つように求めた」と話されたそうです。

⑼ 帰省して母にテスト

七月初め家に帰ると母が待ち受けていて、試験はどうだった？　できたのか？　と心配していましたので、母がどう反応するか物は試しと、物理のテストで「天皇制と物理学の関係を述べよ」と言う題が出た、と言ったら、一言、「そんなの関係ないじゃろう」とバッサリやられ、自分の頭の固さを認識し、普通はそう思うよねと感心したものです。テーマに関係を述べよとあったので、テストを受けた人はその関係を如何に解明するかに考えが集中し、ごく普通の発想ができなかったのだろうと、母の一言に丸太で頭を一発張られたような衝撃を受けました。

⑽ 志賀高原へ出かける

そんな騒ぎの数日後、大久保君から、「志賀高原の大学スキー部のヒュッテを予約したから一緒に行かないか」という誘いの手紙が届きました。家の経済状況から考えると難しいかなと思い、なかなか言い出せないでいました。一カ月間も家に閉じこもっているのもどうかなと思い、母に旅行の話をしました。案外「あ〜行ってきたら」との返事で嬉しかったことを覚えています。後で考えてみると、八月は家賃は別にして生活費の仕送りはいらないから、多少のゆとりがあったのでしょう。勇んで志賀高原に駆けつけました。そんなことで大学の初めての夏休みは、実家から二十分程歩いた所にある信濃川の分流農業用水川の「福島江」に泳ぎに行って昔の仲間達に大歓迎されたり、経済学の勉強をしたり、読書をしたりで過ぎて行きました。九月の初めに京都に戻りました。

⑾ スキー部の活動資金を稼ぐ

スキー部の埜村先輩から「話したいことがあるから会いたい」と連絡があり出かけて行きました。私は雪国育ちでスキーは三歳から始めていて、地元ではスキーを〝下駄〟と言う位生活そのものに取り込まれていました。

そんな訳で、京都大学のスキー部員はほとんどが初めてスキーを履く人達と聞いていましたのでどんなものかと思ったのですが、友達をつくるにはいいかなと思い入部していました。今まで行われていた雪のない時期のトレーニングには参加していませんでしたから、埜村先輩のことも知りませんでした。

埜村先輩の話とは、部活の為に資金が必要なのでそれを稼ぐためにダンスパーティーをやる、ついては協力してもらえないかというものでした。「どんなことをすればいいんですか?」と尋ねると、「チケットを売って欲しい」とのことでした。「何枚売るんですか?」と聞いたら、「新入部員七人は一人で十~二十枚売って欲しい」とのことで、「売り先を持たない新人にそんなの無茶苦茶ですよ」と言いました。「売れなかった分は返してもらえばいいよ」とのことで先輩の顔を立て、「とにかく十枚にして下さい、そしたら預かりますが、売れない分はお返ししていいんですね?」と念を押して引き受けました。「ところでノーさん（埜村先輩のニックネーム）、一体何枚売るつもりですか?」と尋ねると、「まあ四百枚が目標だが、難かしいだろうな」と言っていました。一枚二百円ですから、全部売れたら八万円です。当時の物価は私のケースで言えば、仕送り月一万円、アルバイト（中学生の家庭教師週一回）で二千五百円でした。下宿代が二千五百円でしたから、使えるお金は月一万円でした。それでも充分やっていけましたから、当時の一万円は今の十万円以上の価値がありました。

会場のダンスパーティー場の貸し切りは昼十二時〜十五時まで、音楽は同志社大学の演奏楽団でしたから、両方で一万円以内で済んだと思います。問題はパー券の売れ具合と男女の比率です。ノーさんはどう考えているのかを尋ねてみました。彼は、「会場の定員は三百人だが四百枚チケットを完売しても大丈夫だ」と言っていました。スキー部の部員の担当は新人七人各十枚、先輩三十人各十五枚、計五百二十枚。但しこれは「予想では、どうせ半値八掛け二割引になるだろうから、実質百四枚以下の金額にしかならないだろう」と言っていました。「半値八掛け二割引」という言葉は初めて聞いたのでどういうことかと尋ねると、「繊維企業で売れ残りの在庫スーツやドレス等々の処分の価格決定によく使われる方法で、まずは売値の「半値」にして、それでも売れなければその「半値の八掛け」にして、それでも駄目であればさらに「二割引」の価格で処分すればたいてい完売できるという売り方だそうだ。今回はこれを考慮して、「さらに実績はもう半分の五十枚位だろうと考えている」とのことでした。

ノーさんの考え方と意見は、「田舎から上洛して学校の寮に入っている女性、特に一回生は未だボーイフレンドがおらず、淋しい思いをしている。かと言って自分から働きかけ、出会いの場もつくれない女《ヒト》も多い」というもので、「男女の比率を考えなくてはならないし、女性は少なくとも半分以上集めないとパーティーは成功しない」と計画の一部を明かしてくれました。特に女性には、「京大生と知り合うチャンス」というキャッチフレーズでPRして貰いたいと。そして女子大の寮長さんにお願いしてチケットを売って貰い、その動機づけとして売上げの一〇％のマージンを餌にして交渉するのだと。ノーさんは農学部なのに凄い商売人だと勉強すること大でした。そしてノーさんは、「今、秘かに女子大生の間で囁かれている言葉は〝恋愛するなら同やん（同志社）、用心棒なら立ちゃん（立命館）、結婚するなら京大生〟と言われている。京大生は京都の女子大生にとって憧れの人なんだ、これを上手く活用してチケットを売るのに努力しなければ」と言っていました。

男女の比率が大事なら、男への売り込みはどうするのか尋ねると、「それは女性より楽だ。学内の友人に一〇％のマージンを支払って、京大生の友人知人に売り込んで貰う」とのことでした。しかも五枚以上売ったらパーティーの入場券を一枚贈呈するということでした。「京大生もたいていが、彼女がいなくて飢えているから、同志社女子大、京都女子大、奈良女子大、平安女学院大、ノートルダム女学院、京都精華女子大学短大、池坊短大等々を攻めて百八十人位集めたい」とのことでした。夏休み中に志賀高原にある大学のヒュッテに宿泊した女子大生の名簿もＤＭでパーティー参加をお願いすると言っていました。

もし定員三百人の会場に四百人が詰めかけたらどうするのかと心配すると、「それは大丈夫だ」とのことでした。ノーさんの頭の中では既に計算されており、売上枚数の五％は不参加、三％

は遅れてくる。会場の中で踊っている人は多くて約三百二十人で、立ちん坊が約四十人、会場への入場者は最大でも三百六十人位で、それ位は入場可能とのことでした。実際終わった後で聞いたところ、売上げ約三百枚強×二百円＝六万円、コスト（会場代とオーケストラ代）が約一万円、マージン、雑費が約一万円で四万円残り、そこから経費、税金を差し引いても利益は約三万円だったようです。当時の三万円は、現在の三十万位でしょうか。それでも〝大成功〟と言えるものでした。ノーさんの活躍と読みは正に玄人と言ってもよいもので、凄い男だと大変勉強になりました。

⑿ チケットの売り方に苦労する

私がどうやってチケットを売りさばいたかと言うと、まず社交ダンスなど全く知りませんでしたから、八坂神社の近くにあるダンス教習所に通いダンスを教えて貰いました。週に二回で、一カ月程でワルツ、タンゴ、ルンバ、ジルバといった当時ハヤリのダンスの初歩を学びました。基本を覚えた私は、次にクラスの中からチケットを買ってくれそうな親しくなった友人二十人を引きつれて八坂のレッスン場に行き、ダンスを覚えさせました。一回生ですから未だ彼女がいる者はわずかでしたので、女性と親しくなるチャンスだと口説いて、出欠のチェックをしない先生の授業をサボり八坂へと出かけたのです。丁度最初は英語の授業で、池田先生の担当でした。出席した友人が、「先生は、『今日は出席者が少ないな、どうしたんだ？』と聞いておられたが、誰も答えずウヤムヤに終わった」と教えてくれました。受験生の時のラジオ講座で二年近くも教えて頂いた恩ある大先生ですので、「先生ご免なさい」と心の中で謝りました。そんなことがありましたが一カ月位で皆がダンスのイロハのイ位ができるようになり、チケットを購入してくれました。それ以外にも奈良女子大との合コンや、夏休みに大久保君に誘われて行った志賀高原の京大ヒュッテで出会った奈良女子大生の五人組の人達に働きかけてチケットを買って貰ったりして、クラスメイトで十五枚、その他で八枚、計二十三枚売ることができました。後の六人のスキー部新人は、本人分の一枚を含めても七枚しか売れず、「小林は二十三枚も売ったのにお前達は何をしていたんだ」とハッパをかけられたようです。そんなことで一回生の秋は過ぎて行きました。

⒀ スキー部の冬の合宿に参加

さて、冬になると十二月二十三日から志賀高原の京大ヒュッテでスキー部の合宿練習が始まるので一日前に出かけました。

まず驚いたのはディスタンス（クロスカントリー）のストックでした。スキーを履いて長距離を走る競技で、一～二時間以上の耐久レース（陸上の長距離のスキー版）です。皆が持っているストックが異様に長く、肩まである長さでびっくりです。これはスキーが日本に伝わった頃の長さで、今はもうどこでも使われておらず、私も本では知っていましたが、見るのは初めてでした。つい口が滑って、「こんなのおかしい、遅れている歴史的産物じゃないか」と口に出して笑ったのがキャプテンに見られたようで、そこから目の敵にされるようになりました。医学部の人で年齢が四～五歳位上の方でしたが、大いにプライドが傷つけられたのでしょう。後に宮田さんという新潟県の国体代表選手でディスタンスでは日本一と言われる方が三日程コーチに来られ、最初の指摘がストックの長さでした。「こんな長いストックでは走り難い、もっと短くして下さい」との注意でした。そんな訳でますますキャプテンの面子丸潰れとなり、何かにつけ難くせをつけてきました。私も負けておらず逆襲しましたので口論となり、段々バカバカしくなっていました。スキー競技には前述のディスタンスの他にアルペン競技があり、滑降（ダウンヒル）、大回転（ジャイアントスラローム）、回転（スラローム）の三種の競技があります。私は瞬時に力を集中して滑るアルペンが得意で、それを楽しみたいと申し出たのですがキャプテンが許しませんでした。ディスタンスでヒュッテの周り百メートル位の距離を走る新人のテストがあり、三歳からスキーを履いている私が初めての人に比べ速いのは当たり前で、先輩もついてこれないスピードでした。しかしこれは距離が短いからできることで、一時間、二時間は走れません。その点アルペン競技は長くても五分間以内で勝負が決まりますので私に向いています。それをいくら説明しても理解できない人がキャプテンでした。初めて私の走りのスピードを見た他の部員も、ぜひディスタンスをと言うので、こんな部はダメだとやめることを決断しました。京大のスキー部でアルペン競技を楽しもうという目論見は外れてしまいました。

冬休みが終わって京都に戻ると、友人の浅野君が「小林、合宿はどうだった？」と聞くのでいきさつを話したら、「俺もスキー部に入りたかったが、あのキャプテンはダメだと思ってやめたんだ」と話してくれ、大いに盛り上がりました。後で聞いたことですが、私がやめたことが問題となり、キャプテンが皆から追及されたようです。次の年にはキャプテンをやめ、皆の信頼を失った今は、おとなしくなっているとのことでした。

⒁ 一月末に京都に戻りテストの準備と住居探し

そんなドタバタもあり、新年を迎えて一月下旬に京都に戻り、学期末試験と吉田本校に移動する準備に取りかかることになりました。まず引っ越しする下宿を探さなければなりません。千五百人もの移動ですから、「下宿探しは早い者勝ちだ」と先輩から聞き、二月初めに大学で斡旋して頂いた下宿先を訪ね、徒歩で大学まで十分位の米屋さんの離れの六畳の部屋を借りることにしました。万木《ゆるぎ》さんという初めて聞く姓でした。私の叔母のご主人が四条大宮病院を経営していると話すと驚いていました。四条大宮病院は京都では救急病院として知られていましたので、これで信用度合がぐーんと上がったようでした。

⒂ 下宿の小母さんが見つけてくれたアルバイト

四月から吉田本校での授業となりました。

京都大学の楽友会館にはビリヤード台があり、これに嵌まり、毎日通って練習しました。赤・白二個ずつの四個の玉がありこれをキューで突いて当てる競技（四《よ》つ玉《だま》）で、面白くて夏休みが始まる六月末まで毎日のように通っていました。吉岡君の上達が早く、私は彼に遅れを取っていました。利用料は四十円でした。

そうこうしている内に下宿の小母さんが、歩いて五分という近場に家庭教師のアルバイトを見つけてくれました。週一回二時間で二千五百円でした。教えるのは中学一年の男の子で、父親の出口さんの職業は悉皆屋《しっかい》さんでした。手描き浴衣や友禅染の構図からはみ出た色を抜くのを得意とする腕の良い職人さんです。京都ならではの職業で大いに興味が湧きました。大相撲の横綱・初代若乃花さんや美人女優として人気者の岡田茉莉子さん等、当時の有名人の手描き浴衣や友禅染の色抜きを手掛けていました。私が下宿で不用意にもインクのビンを落とし、Yシャツの右肩から袖口まで汚してしまったことがあります。「あーあっ、このYシャツはもうダメだ、処分しよう」と思って部屋の片隅に放っておいたのですが、下宿の小母さんがそれを見つけて、「出口さんの所でインクを抜いて貰いましょう」と言って自分で持って行きました。二～三日して、すっかりきれいになったYシャツが届きびっくりしました。出口さんにどうやって色を抜いたのかと尋ねたら、「お湯の温度と化粧石鹸と、後は職人の技術だよ」と言われました。ですから、手描きの浴衣でも構図からはみ出た色を抜くのはわけないのでしょう。素晴らしい技術を見せて頂きました。出口さんは小柄でしたが、晩酌一升という豪の方でした。湯豆腐が好きで、毎晩一升ビンと湯豆腐一丁という晩酌です。私は十五時～十七時半までの家庭教師でしたが、終わると夕飯を家族（出口さん夫婦、中一の男の子、小三と幼稚園の姉妹）と私で、六人が一緒に食卓を囲み出口さんの晩酌の相手をします。和気あいあいとした家族で大変楽しい一時でした。奥さんはご主人の酒代がかさんで大変だとボヤいていました。私が漬物が好きだと知ると、京都の色々な漬物を出してくれ、「先生、京都は漬物がハムより高いんですよ」と言いながらニコニコ笑って楽しそうでした。

⒃ 一回生の期末テストで高得点

二月中旬からは一回生の期末テストがあり、必須科目は二年間の教養で単位を取得することになっていて、仏語は少し怠けていて単位は取れるが優秀な点数は取れそうもないと思ったので、二回生で取得することにしました。「語学の必須科目は可能な限り高得点を取ること、後の選択科目は単位が取れればいい」と先輩が教えてくれたのです。このお陰で英語は八十六点、八十八点、九十二点、九十三点、平均八十九・七五点で、二回生で取った仏語は九十三点、七十八点、八十二点、九十四点、平均八十六・七五点と、いずれも優を取得しました。二回生までに取得すればよい教養科目は、一回生のこの期末テストで全ての単位を取得し、二回生からの専門科目取得に時間的余裕をつくりました。

さて二回生の五月になると、大学で自由参加の大運動会がありました。文学部の前述の友人、岡田君は文学部だと就職先が難しいと、経済学部に転籍してきました。彼は運動会では、自由参加の競技にはほとんど参加して、参加賞や入賞者賞品をいくつも獲得していました。商品はほとんど学用品でしたから、ノートやボールペンや鉛筆が机に山のように積んでありました。「こんなに貰ってどうする気だ?」と尋ねたら、「必要ならあげるよ」と言われました。「小林君も参加して走ったらいいのに」と誘われましたが、今更運動会参加もどうかなと思い笑って受け流しました。面白かったのは大会の挨拶で大会委員長である教授の挨拶でした。その方が、「皆さん今日は京都帝国大学の大運動会、あ、間違った」と慌てて京都大学と言い直し、参加者の爆笑を巻き起こしたことです。私はこの教授の時代は「帝国大学」だったんだと思い、歴史の重みを感じ、入学できたことに深い喜びを感じました。そして岡田君の活躍をしばらく応援し、その場を抜け出したのでした。そんなこともありましたが、六月の終わりに夏休みがスタートするまで、楽友会館でのビリヤードに熱中していました。

⒄ バイト先の小父さんの晩酌の相手と大騒動

二回生になると各学部の教室がバラバラになり、経済学部の友達との交流が多くなっていき、私の下宿が溜まり場になりました。仲間は毎日のように会う生駒、小笹、大久保、小西、寺田が常連で、時々藤原、古賀、中城、見手倉、吉岡、岡田、小川、髙橋、中野等々でした。下宿の小母さんが良くしてくれて、友人の名前を覚えてくれました。風呂は私が一番風呂で、洗濯物は小母さんが汚れ物を見つけて洗ってアイロンをかけてくれ、友人が泊まる時は布団まで貸してくれました。お祭りの時などは近所からサバ寿しを頼まれ、徹夜で三百本位こしらえていました。私もお相伴にあずかり、初めてサバ寿しを味わいました。小母さんのサバ寿しは近所でも評判の美味しさで有名だったようです。アルバイトを紹介して貰った出口家とも親しくなって、小父さんは晩酌の相手が欲しいのか、十七時半過ぎまで熱が入って時間を忘れていると、「先生もうぼちぼち終わりますか？」と覗きに来るようになりました。下の妹達も「お兄ちゃん、お兄ちゃん」と懐いてくれ、出口家に伺うのが楽しくなっていました。

出口の小母さんが上の娘を、「この子がもう十歳上だったら、先生に連れてって貰うのに」と皆の前で言うのでびっくりしました（心の中では、それはないでしょうと思いましたが黙って笑ってごまかしました）。小三の姉と幼稚園年長さんの妹は可愛い子供達でした。或る暑い日、小三の子が学校から帰って来て、冷蔵庫から冷えた麦茶を取ってそのままラッパ飲みをしたのです。サントリーウイスキーの空の角ビンに麦茶を入れて冷やしていたのですが、あけたばかりのウイスキーのビンが一緒に入っていて、誤ってウイスキーの方を一気呑みしたから大変です。急性アルコール中毒となり、救急車を呼んで病院に担ぎ込まれました。幸い手当が早かったのでコトなきを得ましたが、大騒動となりました。それから数日後にアルバイトで伺うと、そのお姉ちゃんがケロっとしていたので、「大変だったね、もう大丈夫でしょ?」と言うと、「ウイスキー美味しかったよ」と冗談を飛ばし大笑いになりました。下の妹は英語教室に通っていて、単語の発音がネイティブみたいで驚きました。小さい時にネイティブの先生に習えば何の抵抗もなくこんなきれいな発音ができるのかと、環境の重要性を感じました。

下宿の小母さんは後妻で、男二人、女一人の子の継母でした。夫婦喧嘩もない働き者の小母さんでした。明日はテストがあるという日、生駒、大久保、小笹が下宿に泊まり込み、四人で授業が終わった午後の一時から勉強することになっていました。丁度その日は出口家でのアルバイトの日で、三時近くまで打ち合わせと勉強をしていましたが、私は出かけました。その日は小父さんが色々と仕事の話を聞かせてくれ、酒も呑まされ、私も酔ってしまいました。気がついた時には夜の十一時を回っていて、下宿の小母さんが呼びに来ました。「小林さん、明日は試験でしょう、大丈夫?」と心配そうな顔をして声をかけるのでハッとしました。帰ると、「小父さんと小母さんが口喧嘩をしていたぞ。『明日試験なのにもう十時だよ、帰ってこない、迎えに行った方がいいのでは?』と小母さんが言うと小父さんが、『もう大人なんだから、自分で分かっているはずだから放っておいた方がいいよ』と小父さんが言って二人の意見が割れ、ここまで口喧嘩が聞こえてきた」と言われたのです。これはしまった、ミステイクだったと反省したのですが、後の祭でした。「とにかく俺は酔払って眠いから寝るぞ」とそのまま寝てしまいました。翌朝は二日酔いで気分スッキリという訳にはいきませんでしたが試験に臨みました。後日面白いことに四人の点数が分かりました。私が一番の高得点でした。これで分かったことは、大学の試験は一夜漬けではダメだということです。つまり、日頃からことの本質は何かという問題意識を持って授業を聞き、自分なりの考えをまとめていないと高得点は取れないということだと強く思いました。人生も同じことだろうという気持ちになったのでした。

⒅ ゼミの選択が近づく

さて夏休みも終わって秋になり、四人組が顔を合わせることになり、夏休みに生駒が麻雀を覚え皆に教えると意気込んでいました。大学の周辺は麻雀荘が多くありどこも超満員でした。当時の娯楽は、パチンコや麻雀か、映画か女性との合同コンペ位しかなく、手軽な麻雀に集中したのだと思います。それからは色々な友達を交えた麻雀に没頭する時間が多くなり、楽友会館での玉突きは中断してしまいました。二回生となると専門科目のウエイトが高くなり勉強時間も増えて、遊んでばかりいられなくなったのも事実です。

そして三回生、四回生で所属するゼミを選ぶことになります。人気のゼミは応募者も多く試験選抜となります。私は躊躇することなく田杉競教授のアメリカ経営学を選びました。田杉ゼミは人気ゼミの一つで応募者が多くいました。七人受入れのところに十五人位の応募者があったようです。試験は面接と英文和訳と小論文の三本立てでした。友人の古賀君も田杉ゼミを希望しておりました。面接での質問では、「君は新潟県出身だから、東京の方が近いんじゃないの？どうして京都大学を選んだの？」と聞かれました。私は前述した高校二年生の時に復活した修学旅行で受けた渡月橋でのカルチャーショックの話をし、「大学ではなく、大学生活を京都で過ごしたいと望んで選んだのが京都大学でした」と話しました。また、家が地主だったので農地改革で田畑を国に取り上げられ、経済的に苦しくなり、国立大学以外は進学できない事情もあったこと、京都には母の妹が嫁いでおり、ご主人は京大医学部卒の医師で、四条大宮病院と嵯峨野病院と烏丸車庫の自宅で産婦人科の清水医院を開業しているので、何かと力になってくれますと話しました。先生は病院の名前もご存知のようで、「ほうーっ、そうですか」と頷いておられました。終わって印象が割と良かったような感じを受けました。

英文の和訳では〝approach（アプローチ）〟をする、という語句があり、その和訳に悩んだ人がほとんどでした。終わってアプローチをどう訳したかが話題になりました。日本語に直訳すると「〇〇〇の問題に努力してアプローチする」となるのですが、「接近」すると訳した人がほとんどでした。古賀君も悩んだけど「接近」と訳したと言っていました。私は日本語に訳した場合「接近する」では意味が不明確だし、日本語として通じないと考えた末に、研究と辞書には訳語として乗っていない言葉を使いました。これがぴったりと思ったからです。後日先生からちらっと「研究」と書いたのは君だけだったと言われました。田杉ゼミは合格者が二人増員となり九人が選ばれ、私も古賀君も選ばれました。論文は「経営」について自分でテーマを考えて何文字以内だったか忘れましたがその場で書くことでした。私は「経営者の社会的責任」という題で書いたと覚えていますが、何を書いたかは今は全く記憶にありません。クラスメイトの酒井君が寄ってきて、「俺は資本調達について書いたが、お前は?」と気にかけて聞いてきたので、「経営者の社会的責任」について書いたと言いました。こうして田杉ゼミの一員となり、三回生から四回生との合同でのゼミ研修となりました。

⒆ ゼミでの討論が成長の糧となる

三回生になると週一回、四回生も含めたゼミのメンバーが集まり、順番に自分で決めたテーマで三十分位発表して、全員で質疑も含めたディスカッションをします。一回三時間位ですので発表者は二人です。賑やかで面白い質問や的外れの質問も出て雰囲気が盛り上がります。その間先生の指導や質問も当然入ります。終了すると先生の講評があり、次の順番となります。これですと参加者の人柄や人間としてのレベルもかなり分かり大変刺激的でした。

ディスカッションは、人の意見を聞くことができ、意見を交わし戦う訳ですので、当事者ではなくとも聞いているだけでも自分の成長につながると実感できました。全体の印象はいい意味で、レベルの高い〝ドングリの背比べ〟という感じでした。

二回生の三学期から三回生の春先のトップニュースは、中条君が二回生の三学期、確か二月頃だったと思いますが風邪を引いて寝込んだことです。一週間もすれば回復すると思っていたのですが病状悪化してとうとう父上が上洛され、故郷の長野に連れ帰り療養することになり驚きました。何故風邪がそんなに悪化したのか調べてみると、彼はパチンコに凝っていて、寝込む前日は十時間近くもパチンコに集中していたことが分かりました。そして気分が悪くなったようでした。疲れて身体が弱くなり抵抗力が弱まったところに、風邪の菌が入り込み悪さをしたのではと推測されました。若気の至りとはいえ他人事《ひとごと》ではなく、「我々もやりかねないね」と反省大でした。

中条君は三回生の新学期には五月半ばから三~五カ月ぶりに講義には出てきましたが、ブランクが長引き、それまでの専門科目の講義は欠席でした。試験の時は友人達でそれを考慮して中条君を中心に前後左右に席を取り、二百人位収容する法経教室の隅の方で万一に備えました。監視の先生は一人でしたから、スキをみて分からない所は助言できるという体制です。しかしそんな心配もなく無事試験は終了しヤレヤレでした。専門科目でしたから落として単位取得ができなかったら大変でした。

⒇ 初めての北海道観光旅行

三回生の夏休みは、北海道一周の二十一日間の大旅行を、私、生駒、小笹、大久保の四人で計画しました。旅費は一万円以上かかったと思います。私は四条大宮病院の壁を塗り替えるアルバイトをしました。私が北海道旅行を計画していることを叔母さんに話したら、叔父さんが、「丁度いい。病院の壁が汚れているから塗り替えてきれいにしたい」とアルバイトの仕事をさせて貰い、一カ月程塗装屋になりました。そんな心遣いをして貰い旅行資金を調達しました。当時売り出しのクーポンは北海道内を国鉄路線なら何度乗ってもいいというもので、北海道全土をほぼ観光しました。印象に残っているのは大自然の雄大な景色です。本州では見られぬ大規模な自然に圧倒されました。大雪山層雲峡黒岳では、未だ八月末なのに山の木々は赤さを増し、百メートル位先に熊が見えたのには驚きました。アイヌ原住民の村を訪れたり、阿寒湖のマリモを初めて見たり、透明度世界一位（四十一・六メートル）の摩周湖を三十メートル程高い山の上から覗き込んでも、湖底に沈んでいる白樺の木や他の木々がくっきり鮮明に見えて感動しました。また、支笏洞爺湖を訪れ楽しんだ帰り道、偶然通り道で「昭和新山登山口」という消えそうな字の看板を見つけました。昭和新山は十六年前の昭和十九年に麦畑から噴火した新火山で、未だ噴火中と思われる状態でしたが未だ小さな小山位の山でした。登山口に登山禁止との小さな看板があり、雑木で見え難く辺りには人気も全くなかったので、「ちょっと覗いてみるか」と登りかけましたが、途中でガスが吹き上がっていたりして、「ちょっとヤバイゾ引き返せ」ということで戻りました。次の日に小噴火があり、夕刊に「昭和新山噴火する」とデカデカと写真入りで報道されヒヤ汗ものでした。若気の至りとはいえ、ホロ苦い経験となりました。そんなことで二十一日間も北海道をふらつきまくったのです。四人で走り回った記憶に残る旅行でした。

4　サラリーマンとしてスタートする

(1) 就職活動で四回生は心が揺れる

四回生になると就職活動が始まりました。学生運動に熱中していた人達も学生運動を放ったらかし、一流企業に就職をと、会社訪問や先輩を訪ねての調査等に忙しそうでした。幸い私の仲間達はノンポリでしたから、学生運動に熱中するなら生涯自分の信念を貫くことでなければ価値はない、子供のハシカのようなものだと思っていました。しかし仲間も就職活動はやはり一流企業志望でした。私は、父が「正博は新潟に戻ってくれるといいが」と呟いていると聞き、父が未だ家の再興を願っているのだと思いました。熟慮の結果、新潟に新鋭工場を持つ中堅化学企業に就職しました。最初の職場は東京本社人事課でした。

(2) 小さい企業だから全体が見える

この企業は小さいけれど社員は優秀でした。管理部門は東大出と京大出が競っていました。技術系は東工大と早稲田が主流、営業は一橋と慶応、工場は九州大と早稲田という具合に、管理職は一流大学出の社員が多く、東大や名古屋大学、その他の大学等に助教授や講師として転職した方も多かったようです。

私は人事課に配属され、新入社員の一カ月新潟工場での研修でした。ズケズケと社員の講師に質問して、答えられない講師もあり、「今年はひどいのが入ってきた」と一躍知られるようになりました。本社の人事課では最初は文書係のようなものでした。会社が色々な所に出す人事課の公文章の下書きの仕事です。その下書き原文を課長に提出すると、課長が赤ペンで添削して戻してきて、それを清書する仕事です。毎日色々な文章を考えて作る原案が二十通位あり、結構頭を使う仕事です。それを約三カ月やると課長の赤ペン添削は減って、私は社内の事情がかなり分かるようになりました。

そして次の仕事となり、経団連の大手会社の社長が講演するセミナーにも出席し、一種の教育でしょうか、お話を聞いて感想と要旨をまとめ報告することが仕事となりました。その合間に会社の諸規程を読んで勉強することを指示されました。そして最初の本格的な仕事は、「海外留学規程」の案づくりでした。ハハン、私の力試しだなと思いましたが、他社の例も調べて完成しました。留学一号は、東大出の四年先輩の方が仏のソルボンヌ大学への留学が決まったのですが、その方は体調を崩して留学は実現しませんでした。経団連セミナーでは旭化成の宮崎輝社長の話が頭に残っています。当時の旭化成はダボハゼ経営と揶揄されていました。宮崎社長が「当社では新規事業は三年やって赤字から抜け出せないプロジェクトは即刻中止です。

これは厳然と守っている。今後は新しいプロジェクトの可能性の審議をもっと厳密にやっていく」と語っていたことが今でも頭に残っています。そして、会社の組織を変える原案づくりが始まり、私も参加しろと命じられました。

或る時他社はどんなやり方をしているのかを知りたくなり、住友銀行の「経営相談室」に意見を聞いてみたいと課長に申し出たら、「オーッ行ってこい」とのことで訪問しました。その時は社員に五十代の方が増え、それを組織上どう待遇するかという問題を抱えていました。訪れると相談員の方（四十代二人と五十代位の方でした）が、怪訝そうな顔をして（我が社は三井系でしたので）、「上司の方の許可を得て来られたのですか？」と聞かれたので、「ハイ、課長の許可を受けています」と答え、会社の組織図を説明しました。「これは三井系の組織だ、よくできていますね」と相手の二人が話していました。結局私の質問には全く答えず、「三井さんはしっかりしている」と言うだけでした。

帰社して課長に、「何の役にも立ちませんでした。あの社員のレベルで相談に乗れるのでしょうか。私よりレベルが低い」と言ったら課長が笑っていました。課長は大学の先輩で、私が転職した後社長になった人です。その上の取締役部長は私の恩師の先生と旧三高（京大）の同級生で、その伝《つて》で私は就職したのです。その方も課長の前に社長になっています。

⑶ 人事課の任務と活躍の条件

そんな経緯があって或る日、「小林君、お酒はどれだけ呑める?」と人事係長から聞かれました。「お銚子なら二本、ビールなら小ビン一〜二本位ですか」と答えたら、「それじゃ人事は務まらない」と言われ、「今日から勉強だ」と、毎日のように終業後、神田や新宿の飲み屋に連れて行かれ、特訓を受けました。「組合との団交では現場のモサが出てくる。交渉は酒を呑みながら対面でやる。酒豪の相手を先に酔わせて会社の主張を通すのが団交だ」とのことで、一升酒が呑めないと団交のメンバーになれないとのことでした。

私は京都のアルバイト先で鍛えられていましたから、一升位は呑めると思っていましたが黙っていました。二カ月もすると私の酒量がバレて、先輩の方が先に酔っぱらってしまいました。「団交の時は相手より強いのは何故ですか?」と不思議に思い尋ねますと、「途中で一度トイレに行き、それまで呑んだり食べたりした物を全て吐き出し、戻って対応するから相手が先に酔っぱらってこっちの思い通りになる」とのことでした。「組合の人は帰ってから『徹夜交渉で勝ち取った金額だ』と報告すれば、皆が『ご苦労さんでした』と賛同する」と、少しインチキ臭い結末だなと思いましたが、これも処世術の一つかと納得しました。

⑷ 経理のベテランが二人倒れ、経理課へ人事異動となる

そうこうしている間に経理でベテラン二人が同時に体調不良となり、経理への人事異動とな

りました。人事課長から「小林君、君は経済学部出だから少しは経理ができるだろう。勉強だと思ってやってくれ」と言われ、「経理なんて全く知りません。あんなシンキ臭い所は嫌いです。誰かもっと適任な方をやって下さい」と言ったら、「これは業務命令だ」と怒られ、否応なく決まってしまいました。丁度初の東京オリンピックが開催される年の五月でした。そして会社の決算直前でした。

当時は半期ごとに本決算が実施されていて、四月〜九月、十月〜三月の各六カ月間の決算です。経理の素人ですから何から勉強すべきかと考え、商業高校で使用している簿記の教科書を手に入れて読み込みました。中卒の人が学ぶ教科書ですから分かり易く、一週間で読み込んでしまいました。次は旺文社から出版された『簿記入門』という中級位の本に挑戦し、三カ月で読破しました。同時に経理の勘定（主に仕訳と日計票作成）担当となっていたので、実務をやりながら専門書を読むと理解が早まり、ベテランの経理マンとも議論ができるようになり、決算担当として課長の指導の元どうにか役目を果たせました。何時もむっつりで笑顔を見たことがない課長から決算終了後に、「小林君、経理を覚えるのが早かったね。六カ月はかかると思っていたが、四カ月で経理をマスターできたね」と褒められて嬉しかったことを覚えています。そしてその後新潟工場経理課に転勤となりました。長男が誕生して六カ月目でした。

新潟での経理は、若手に経理全般をマスターさせるために一年毎に担当を代えていました。例えば原価計算担当、勘定担当、減価償却担当、資金担当という具合に一年毎に担当が変わり、幅広い経理の知識と経験が身につく制度です。これが非常に勉強になり、後の経営コンサルタントとして有利な武器になりました。

工場は十六時半に終業となり、送迎のバスで社宅には十七時に帰宅でした。その頃は大学での経営学を活かすために公認会計士になろうかと計画を立てて毎日勉強していました。十九時〜二十三時の四時間ですが、会社での付き合いも多くなかなか進まず、半ドンの土曜の午後と夜、日曜日の昼も計画に組み入れて、横浜国立大学教授だった黒沢清先生の著書や、国弘員人《かずと》先生監修の『経営分析』（全六巻）を読破していました。

そんな格闘している時に出会った運命の書物が、『マネジメント・コンサルタント』（高仲顕著）という本でした。この本は経営コンサルタントの仕事を詳細に分析紹介していました。これを読み、これこそ大学で学んだ経営学を活かせる職業が見つかったと思いました。人事と経理をたっぷり学ばせてもらった会社に感謝しつつ、経営コンサルタントの道を突き進むことになりました。

しかし、せっかく勉強して公認会計士の試験も自分では受かると思っていて残念な気持ちも少しあり、京都で公認会計士の事務所を開いているゼミの先輩に会計士の現状を聞く手紙を出しました。丁寧な返事が来て、「今、会計士の仕事は全くなく、自分は税理士の仕事で飯を食っています。この先、会計士の仕事が増える兆候は見当たりません。会計士の試験は受験勉強のつもりで一年頑張れば誰でも受かります。法律の番人の仕事ですから面白味もありません。

経営コンサルタントの方が面白く将来が明るいと思います」とのことで、すっきり腹が決まったのでした。後は一直線に経営コンサルタントとして五十五年近くを過ごすことになりました。

(5) 大学生活の成果と反省

宇治分校に一回生千五百人が集まった時、「ここでは自分を知っている者は誰一人もいない」という思いがひしひしと迫ってきました。魂がすっかり開放されたようで気持ちが高揚しました。そして今までの内向的な性格が引っ込み、代わって外向的な性格が表に出てきた思いでした。「よーしっ、何でも見て、何でもやってやるぞ」という気持ちが強くなりました。誰も自分のことを知らない人達だからとやかく言われることはないし、皆の目を気にする必要もないとの思いでした。これが原動力となり、今まで述べたような活動により、人間としての人格の粗削りな基礎が形づくられたと思います。それが社会に出て色々鍛えられ磨かれて、その人なりの人格が形成されていくのでしょう。従って基礎的形成人格が良いか否かが非常に重要で、それはその人のそれまでの環境によって決まるものだと思います。

私の人生は、未熟児で生まれ、小学校は病弱、中学は最悪の学習環境と家の経済的没落がありましたが、それを家族の愛情深い環境で乗り越え、高校では背も伸び百六十八センチとなりました。身体もしっかりし、筋肉質のがっちり形となりました。残念ながら高校時代で勉強の遅れは取り戻せませんでしたが、少し差が縮まったと思っています。そして大学時代は自由奔放に振る舞い、正に楽しい青春時代でした。性格が外向性に変わる等、程よい人格の基礎が形成されたと思います。ただ「もう少し勉強すればよかったな」という反省もあります。しかし、人生勉強は誰より幅広く学んだつもりです。

就職してサラリーマンになりましたが、優れた上司、先輩に恵まれ、わずか五年弱でしたが、専門知識や人間関係等々で得るものが多く、私の人格が一段と幅広く、豊かになったと思います。丁度手頃な規模の会社でしたから、大企業なら顔も見られない上司の方々とも親しく話ができる等、会社全体が見えて、その後の経営コンサルタントの仕事でもこの経験が大変役に立ちました。五十五年間も全力で駆け抜けた経営コンサルタントのエネルギーの源泉となったと思います。そして、経営コンサルタントの仕事は、私にとって正に天職との思いがあります。

5　駆け出し経営コンサルタントの仕事

⑴ 経営分析に没頭

私が入所したコンサルティングファームは、新入教育もなくコンサルタントマニュアル一冊を渡されただけで即、仕事を与えられました。経営分析の仕事です。多分履歴書に経営分析を勉強したと記述していたので、即実務ができそうと判断されたのでしょう。

社長がコンサルティングを希望している会社の社長さん達を集め、各社の財務書類を分析し、問題点と解決策を伝えるための資料作成です。経営分析は前述の国弘員人先生の著作で勉強していたので問題なく処理できました。三期分の資料を分析して社長用の資料にまとめるには、一社約二時間位必要でした。頂いた資料は不備なものが多く、クライアントに直接電話で問い合わせる等で時間がかかり、一日に五社の分析がやっとでした。大体夜八時～十時位までの残業となりました。それでも、社長が自分の作成した資料を見ながらお客さん獲得のために、問題点を指摘したり、解決策を説明していると思うと、まるで自分がやっているような気持ちになりモチベーションが上がりました。その結果コンサルティング契約（経営診断、コンサルタント派遣、研修、教育等）が決まり、仕事が取れた時は嬉しかったです。

そんな仕事を中心に半年程経った頃、新人達に経営分析を教えることになりました。並行して、先輩のコンサルティング先のサブコンサルタントとして一緒にクライアントに伺うようになり、徐々に私が中心となり先輩は新しいお客さん担当となることで、クライアントを増やしていく流れになっていました。

(2) 会員会社の勉強大会開催にアナウンサーに

一年もすると私が担当するクライアントは七社にもなっていて、サブコンも指導しながらクライアントの面倒を見るという立場になりました。そんな時、年一回開催される会員会社のトップ陣を集めた三日間の大会が京都国際会議場で開かれ、私が司会進行と報道の役を指名され驚きました。約千人近くの社長さん達が集まり、経営の勉強を中心にした三日間に亘る経営勉強の会合です。

当時は戦後に設立された個人オーナーの中小零細企業が成長し、さらに上に行こうとする元気のいい会社が多く参加していました。私がどうして選ばれたのか分からなかったので常務に聞きますと、「お前の声がマイクに合ってきれいだから」と言われへェーと思いました。自分では全く意識していない点だったので驚きました。女子社員が私の声を聞きに押しかけてきて、これにもびっくりしました。そして大会が終了した三カ月後位に、会社が主催しているセミナーの講師を命じられました。セミナーの講師は、役員三人と部長二人と先輩社員三人位でしたから、一年半で六十人程いたコンサルタントの多くを追い越したことになり驚きました。

(3) 韓国視察団の幹事に指名される

そしてその半年後には、韓国の釜山の地に一定の土地を確定し、税金をはじめその他の恩典を色々付けて海外からの投資を呼び込む、いわば国家戦略の加工区のイベントがあり、その地を視察する企画が発表されました。これに四十社が応募し、団長は社長、副団長は応募会社から選出、幹事には私が選ばれました。

私にとって初めての渡航でした。三十二歳の時です。初めてですから知らない手続等が多くとまどいましたが、韓国に入国すれば後は貸切りバスで韓国縦断の旅となります。釜山の視察は二日で終わり、関係官庁の方から色々説明を受け、ぜひ進出して下さいと熱の入った勧誘でした。でも参加者は観光気分で、どの会社も進出はしなかったようです。視察旅行とは名目で、韓国観光旅行ご一行様という状況でした。参加者はエネルギッシュで夜のキーセンパーティー、昼のお土産や掘り出し物の買い漁り、夜遅くまで高級クラブで遊んで、料金不足で付き馬で戻ってくる人、借金を申し込む方等々、皆さん日頃のストレスを振り払うようなエネルギッシュな行動でした。日本だと奥様の目があって多少なりとも制御の気持ちがありますが、奥様の目の届かない外国ではランチキ騒ぎでした。

私は幹事と言っても雑用係で、参加者のお世話、安全確保、トラブル解決等に走り回り、早朝の五時頃から夜中の十二時過ぎまで目を光らせていて多忙で、睡眠時間四時間が続きました。二十日間のランチキ騒ぎの観光旅行でしたが、いくつかの企業に立ち寄り、景気の状況や会社経営のやり方等を勉強する機会もありました。その間多くの社長さんと親しくなり、帰国後は二十人以上の方から礼状が届きました。また掘り出し物の壺を二つ買って、記念だと言って私に一個プレゼントして下さる方もいました。帰国すると社員が大勢出向えてくれました。社長がこのイベントを締め括る挨拶をして視察は大成功だったと報告し、「小林幹事がよく頑張った。九十五点だ」と褒められ、皆がドット沸きました。次の日出社すると、「小林さんが社長から九十五点貰った」と話題になっていました。

(4) 名古屋支社開設の先発準備委員に

そんなことで三年が過ぎ、名古屋に支社を出す話が持ち上がり、先発隊に選ばれた私は名古屋に居を移しました。名古屋には既にお客さんがおり大阪から出張してコンサルティングをしていたので、地元に支店を構えて力を入れることをクライアントにPRして事業の拡大を図るのが目的でした。

最初の頃は地元の企業も物珍しさもあってか仕事が増えて中途採用の社員も増え、なかなかいい組織になったと思っていましたが、二年目の或る日、仕事が終わり残っていた主だったメンバー八人位が呑みに出かけました。その席で支社長が、「俺は次の衆議院選挙に出ようと思うんだが」と突拍子もないことを言い出したので、この人頭が狂ったかと一瞬シーンとしました。支社長は私より四歳年上で、弁の立つ切れ者として大阪では若いのに取締役位の権勢を発揮していました。多分そのため支社長に抜擢され、次期取締役候補にしたいとトップは考えていたと思います。しかし、支社のトップとしては下からの信頼がない自分勝手な所があり、私が苦情処理係でした。

この発言を聞いて、「あ〜っ、これはもうダメだ」と他日私の元に信頼する部下二人を呼んで、「後一年以内にこの組織は潰れるかも知れないから身の振り方を考えろ。私はもうおさらばだ」と告げました。地盤も人脈も後ろ盾もお金もない人が政界進出なんてできる訳がない。本気なのか、頭が狂ったのか、何なのか理解できず困りました。そんなことがあって、自分で独立して思うままやった方が人生の前途が開けると考え、三十四歳で一匹狼の経営コンサルタントとしてスタートしました。

(5)「経営システム研究所」を設立

三十四歳の時に独立して「経営システム研究所」を設立し、一匹狼の個人事業者となりました。独立の挨拶に伺った顔見知りの社長さんの方々から、「ぜひ当社の面倒を見て下さい」との申し出が数社あり、スタートはその中から五社に絞り契約をしました。その内三社は、その後五十年、四十八年、四十二年もコンサル契約が継続しました。六十八歳になった時、そろそろ終活を考え、新しいクライアントは取らず、既存のクライアントだけに絞り、リタイアをお願いして少しずつ身を引き始めました。独立二年目からはクライアントがどんどん増え、北海道から九州まで日本中を走り回る多忙さとなりました。

ある経営者がこんな話をしてくれました。

「コンサルタントとはコン＝狐（人をダマス）、サル＝猿（悪知恵が働く）、タント＝多く、たくさん。すなわちコンサルタントを名乗る人は、悪知恵が働き人をダマスニセ者が多いということだ。だから選ぶ方も本物のコンサルタントを見抜く目を持っていないとひどい目に遭う」

私の場合は、ほとんどがオーナー経営者がお客さんで、一度関与するとその期間が十年以上も継続していましたので本物と見られたようです。「著作を読んで本物だと思った」と話して下さった社長さんもいました。

(6) 経営コンサルタント成功のポイント

コンサルタント業での失敗の原因は、お客を充分に獲得できないことが大部分です。ですから起業前にどれだけ顧客の注文を取れるかを確定し、その売上でやっていけるか否かを見極めることです。これはどんな種類の仕事でも同じです。そしてその売上で黒字なら、後は黒字をさらに伸ばせば成功の第一歩と言えます。

コンサルタントは、コンサルをお願いしてきたお客さんをそのまま受け入れる必要はありません。コンサルタントもお客も両者がウイン・ウインになるか否かを予備調査で判断して断ることも必要です。売上が欲しくて無差別に引き受けるのは失敗の始まりとなります。

コンサルタントの予備調査は、この顧客の会社のコンサルを引き受けた場合、会社が自律してコンサルタントなしでも成長発展していけるかを見抜くことです。否なら引受けることはありません。まずコンサルティングをする会社を選択する権利はコンサル側にあることを強く認識して下さい。

その認否のポイントは会社のトップの考え方にあります。

私の成長繁栄企業の条件は次の五原則です。

【成長企業の五原則】

1 ビジョンなき企業は成長も繁栄もない
2 困難に挑戦する勇気なき企業に未来はない
3 社員を大切にして一致団結の固い企業が成長する
4 社会に対し貢献を第一にする企業は高く評価される
5 コンプライアンスを厳守実行している企業は、ステークホルダーに安心感を与え尊敬される

6 コンサルタントの会社を見抜く力

(1) コンサルを断わるべき会社のケース

私の経験を述べてみます。私が未だ四十代初めの頃でした。女性のバッグを製造販売している会社から、コンサルの依頼があり、予備調査の面接をしました。

それで分かったことは会社の売上計画は十年続けて達成率七〇％台で、一度も目標を達成していません。トップは社長（当時六十代）、専務（五十代後半の弟）の兄弟経営です。社長の

奥様がデザインを得意とし、社長の息子（長男で製造の職人で優秀。但し偏屈者で経営能力なし）の家族経営で年間二十億位の売上でした。

商品は斬新でなかなか女性に人気があるブランドでした。営業部長に話を聞くと、社長や専務が立てる売上計画はどんなに背伸びして頑張っても届く水準ではないのです。ですから営業としてはそれを全く無視して、自分達で検討し目標を立てています。それが会社の計画の七〇％台の実績です。黒字ですから充分会社に貢献しています。それにしては社長、専務の給与がバカ低いのです。部長級の給与も低いのです。これは社長、専務より少し低い位なのですが、部長の給与を抑えるためだと思われます。社長、専務は在庫を保管管理する倉庫を私費で建て、高い賃貸料を会社から取っています。それ等の収入と給与の合算では、部長より二倍以上にはり遥かに高額です、と教えてくれました。そして息子さんは鞄造りの職人としての能力は天才的で、奥様のデザイン能力と共に両方で持っている会社ですと言っていました。これ等を考慮して、「売上計画を適切に計画し、達成の喜びを社員に味わわせることでヤル気が喚起されればより高い成果が生まれる」と社長に説明しましたが、社長は「高い目標でその七〇％位達成できればいいんです。目標を下げると、そのまた七〇％位しか達成できないので高くしてありますす」と主張を曲げませんでした。この経営だとやがて行詰まると思って説得しましたがダメでした。しかしもったいない会社だとの思いが残り、一年だけ努力してみるかと、一年間のコンサルティングを契約をしました。結果は上手くいきませんでした。契約が切れ、皆さんに別れを告げる挨拶で専務が、「契約満了で先生とはお別れです」と社員に告げ、私が「皆さん頑張って下さい。とてもいい点がある会社ですが、改革すべき点も多いと思います。社員の皆さんが結束していい方向へ改善の努力をして下さい。ご発展を祈念しております」と挨拶して別れを告げました。この会社は経営者の利益を第一に考える経営コンサルタントを期待していたのです。

結局十五年位後に倒産し、会社は消えてしまいました。私が辞める一カ月程前に営業部長からこっそりと、「一年後に会社を辞めて部下の何人かと独立します」という話を聞いていましたので、そのせいもあったかと思います。こんな会社はコンサルティングを断るべきでした。私の決断力が未熟だったと大反省をした苦い経験です。

(2) コンサルティングを引き受け成功したケース

こちらは国鉄の枕木交換や名鉄の駅舎、公団住宅の建設をしていた名門の建設会社でしたが、初代の社長が枕木交換工事で不正を働いたと出入禁止処分を受けて経営が厳しくなり、社名を変えて再スタートした建設会社のケースです。「創業は先代のオーナー社長の時代を含めて一九二〇年（大正九年）で松下電器と一緒です」と社長は長い歴史の経緯を話してくれました。しかし、成長発展は天地の差程あり、新会社になってもう二十年近くなるのに経常利益は一度だけ一千万円少しを挙げただけで、後は百万円＋十～三十万円で、赤字の時もあり苦労していますとのことでした。

予備調査では社員五十人全員に三日間かけ面談しました。仕事は何を分担しているか、困っている点等、かなり詳しく聞き取りました。建築部長は工事高が十六億円の会社にこんな優秀な人がいるのかと驚きました。社員全体のレベルはかなり高いことが分かりました。社長は東北大学出の方ですので頭はいいのですが、小心者で思い切った決断がなかなかできない方でした。しかし社長は、創業者の娘の妹の方と婿養子として結婚しており、姉の方は専務の奥さんでした。創業者は姉の方を可愛がり、何かと差をつけていたようです。株の相続も姉の方が多く、妹は姉の三分の二位だったようです。社長は豪邸に住んでいましたが、屋敷の面積は姉夫婦の三分の一しかないと不満気でした。社長は妹と結婚することで社長の座を射止めた方で、何かと姉妹には遠慮していました。社長の父上は数年前に設立された大学の初代学長でした。インテリ家庭に育った社長はおとなしく誠実な方でしたが、少し優柔不断で決断力に欠けていました。

予備調査と財務チェックで得た結論は極めて単純なものでした。「この会社の社員はかなり高い能力を持っているのに全員が眠っている」というのが私の結論でした。私はこの結論により、社員の眠りを覚ますため、一人二万円のベースアップをして下さいと社長に報告しました。今なら八万円位でしょうか。社長は大変驚いて、「エッ、二万円もですか」と声を詰まらせました。「月に百万ですよ。それに社会保険の負担を加えたら月百二十万円位になります。今我が社の利益は年間百五十万円位ですから、年一千五百万円も経費増では赤字ですよ。そんなことはできません」と断わられました。私は、「でも社長、社員のレベルはかなり高いですよ。今は皆残念ながら眠っています。目を覚ませば数千万円の利益を稼げる社員集団と観ました。二万円は社員の目を覚ますカンフル剤です。どうかよく考えて決断して下さい。一週間お待ちします。一週間後にまた参上しますので決断して下さい。もしNOなら私は引き下がります。OKならコンサルティングを引き受けます」とお願いしました。

多分八〇％位はダメだろうなと思いましたが、OKなら社長は変身できるのにもったいないと思ったものです。一週間後に参上すると社長から、「随分悩みましたが、先生の案に賭けてみる決断をしました」とのことでした。ちょっとびっくりしましたが、「社長、よく決断されましたね。明日からコンサルを始めます。まず明日は全員を集めて下さい」とお願いしました。「専務はどうしましょう？」と社長が言うので、「専務さんにも一応声をかけてもらって、出ても出なくてもいいと言って下さい」と申し上げました。そして、「もし『一体何の話だ？』と尋ねられたら『今後の経営についての話です』と答えて下さい。多分出席されないでしょう」と答えました。専務とは名前ばかりで、実際はいてもいなくてもどうでもよい存在でしたので。

さて次の日集まったのは五十人で次の表の通りでした。

出席者表		
建築		30
設計		3
資材、購買		2
営業		4
総務人事		3
経理		2
倉庫		6
合計		50
管理 社長	指導 小林	2

皆の前でまず社長から訓示をしてもらい、次に私がことのいきさつを話し、「社長にお願いして皆さんの給料を今日から一カ月二万円ベースアップして貰うことになりました」と報告しました。皆は一瞬何を言っているのだという顔つきでしたが、次に「エッ、本当」という声が出て拍手喝采となりました。そうして、「一週間の内に各部門の問題点を書き出し、どう対応して解決したらいいかを自分達の意見とし職場ごとにまとめ、提出して下さい」とお願いしました。そして、「明日から一週間は私も毎日午前中は出社しますから、分からないところは一緒に考えましょう」とつけ加えました。

一週間は各部の問題解決策をチェックし、修正を含めた問題解決案を作成しました。そして一週間後には、各部から出た「問題解決策」を実行しなさいとハッパをかけました。既に皆の顔つきが変わっているのが見て取れました。それから一カ月後の報告会では、活発な意見が飛び交い、ヤル気の高まりが感じられました。決算まで後六カ月でしたが、終わってみると経常利益は五千万円でした。二万円のベースアップは社会保険の負担増も含めて年千五百万円程の経費増でしたが、それを吸収しても出た五千万円でした。社長はびっくり仰天し、私は神様になりました。

それ以降ひっきりなしに社長から自宅に電話がかかってきて、家内が閉口していました。携帯電話が未だない時代ですので、家内は私の出先を探し連絡してきました。「買い物にも行けないからなんとかしてよ」との訴えです。そこで、午前中十時、午後十三時、十五時、十八時に社長に私から電話をすることにして、相談や意思決定をすることにしました。細かいことまでいちいち私に相談するものですから、「社長が判断して進めて下さい」とお願いして、月一回の全体会議に出席し、月間の問題解決策と営業進行状況をチェックしました。

そして次の一年には経常利益一億円余りとなり、社長は驚くと同時に大喜びでした。私は社長に、「もうこれで大丈夫。後は社長の考えと決断によって自信を持って経営して下さい」とお願いして、コンサルティングを卒業しました。その後しばらくは順調のようでしたが、姉妹の強欲が対立し、姉妹喧嘩が激しくお家騒動が勃発してしまいました。そんな訳でこの会社は二つに割れ、元の会社は専務の長男が社長となり、元社長は割れた会社（お客さんを二分）を継いだようですが、奥様が急逝され、お子様がおられない為、社長は独りぼっちになられたそうです。それでもしばらくは頑張られたようですが、奥様を亡くした独り暮しは淋しく味気なく、食事、洗濯、掃除が大変で、七十歳で家屋敷を全て売り、マンション暮しになり、会社も閉めて整理することにされたそうです。その後色々あって九十歳になり、ようやく今年で全て終了しますとのことでした。三十年ぶり位に偶然街中で出会った時に頂いた名刺には［清算人］［○○○］とあり、初めて清算人の名刺を貰いました。懐かしい方でしたが、人の人生は何時どうなるか全く分からないものと考えさせられました。この社長さんの場合は、子供さんがなく、奥様に先立たれ、晩年は独りぼっちの不幸な人生だったと思うと、何とも言えない切ない気分になりました。

(3) 経営コンサルタントの心構え

企業からコンサルタントの要請があった場合、企業を訪れ、依頼主（たいていの場合社長さんです）と面談し、依頼の詳しい内容を確認することが重要です。要請内容に充分対応できるか否かを判断すると共に、何故我々の組織に依頼してきたのかを確認すべきです。社長から聞き取った問題点に対応できるか否かを充分に検討して自信を持って取り組まないと中途半端なことになり、契約破棄になることもありますので、最初の見極めが重要なのです。そして、この件は、社長お一人の考えか、幹部社員にもお話しをされたか、或いは取締役会の議題で承認されたのか等、必要に応じて確認して下さい。

主要な幹部社員も賛同して実施するコンサルティングは比較的やり易くなります。社内の反発感が少なくなりますので。社員にすれば、異分子の偉そうな人物《コンサルタント》が侵入してきて、何やかんやと仕事が増えて、やり難くなるとの反発が出るかも知れません。その反発をできる限り抑えて協力する体制を作りたいものです。そしてコンサルティングがスタートしたら、コンサルタントサイドの社員に接する態度が重要です。好かれるコンサルタントになって下さい。それには次の点が重要ポイントです。

⑷ 経営コンサルタントは中立の立場を見せつける

社員の方々は、「コンサルティングは社長が頼んだ」と思っているはずです。まあそれは事実ですが、だから「コンサルタントは社長の利益のために働く」という思いがあるのです。それは違うと説明し、コンサルタントの考え方や言動に誤解のないよう丁寧に対応をしなければなりません。コンサルタントの中立の立場とは、「コンサルタントは会社が成長、繁栄する為に考え行動する。社長の利益の為に発言行動をすることはない」と。それが中立の中味と知らしめることが大切です。

(5) 黒子に徹する

コンサルタントは社員の誰かと組んで仕事をするケースがほとんどですから、その結果や成果を得ても自分の手柄にせず、一緒に仕事をした社員の方の手柄にしましょう。あれはコンサルのお陰だということは誰もが分かっていたとしても、社員のお手柄にして下さい。そうすればそのコンサルタントは高く評価され、「俺も一緒に仕事をしたい」という社員が出てきます。そんなことでそのコンサルタントの信頼感は高まるのです。すると自然に必要な情報や貴重な情報、或いは秘密情報まで耳に入るかも知れません。コンサルタントの方は社内情報に詳しいと言われるようになる程、仕事がしやすくなります。

(6) クライアントに融け込む

コンサルタントは、担当する会社に融け込むような行動をしなければなりません。上から目線では社内の情報は集まりません。社員に自分の方から話しかけ、社員の意見を尊重し、充分に耳を傾けて聞くことです。その話法としては「イエス・アンド・バット方式」が相手の感情を傷つけず説得力があります。すなわち相手の話を受け入れ、然るべき後にこういう考え方もあるよと柔らかく反論することです。そんなコンサルタントなら、社員の方から情報を運んで来るでしょう。

会社に融け込んだか否かは、例えば社内行事である旅行に誘われたり、海外視察のメンバーに招待されたりすれば相当融け込んだと言えます。私の場合、コンサル先の総務部長が全く知らない情報を知っていたことがありました。社内結婚の話がA君とBさんの間で進んでいるということで、当然総務部長も知っているものと思って話したら、「エッ、そうなんですか」という返事でした。

もっと劇的だったのは、コンサル先の会社で課長が逮捕され一晩留置所に泊められたという一報でした。その課長はどこかからの帰り道で、コーヒーを呑むためある喫茶店に入ったのだそうですが、そこで隠れ賭博の手入れがあり、たまたま居合わせた全く賭博に関係ない課長も、他のお客と共に逮捕され留置所に一晩泊められたのです。課長は翌日朝に部長にこの一件を相談し、引受人になって貰って解放された訳です。私の元へは部長から電話が入り、「先生、課長は優秀な部下であり、この件が社長の耳に入ったら、いくら関係ないのに巻き込まれたと言ってもクビにされるかも知れません。ですから極秘にして三人だけで他に洩らさないようにしたい。もしもの時は助けて下さい。お願いします」と頼まれたのです。私は「ヨシ、分かった」と返事をしました。私も課長は会社に必要な男だと思っていたのでそう承諾したのです。私はコンサルタントで社外の人間だったのですが、当時〝裏の社長〟と言われていたのです。

このように、あの人に相談しても確実に秘密は守って貰えると社員から信頼されれば、仕事に協力してくれる社員が多くなり、必要な情報は自然と多く集まるでしょう。コンサルタントの人間はかくあるべきだと思います。

(7) コンサルタントとは広い知識と経営のプロ

コンサルを受けている会社の社員は、コンサルタントは経営のプロだと思っています。ですから下手なことを言うと社員からバカにされます。でも信頼関係がしっかり厚いなら、先生が知らないことを私が知っていたと喜ぶでしょう。あの人に勝つところがあったと自分の再発見につながるかも知れません。

あのバカがと軽蔑されるより、先生に勝ったと喜んで貰う方が余程いいでしょう。こんな人なら協力者として大きな力となる可能性大です。以上のようなコンサルタントになるよう努力して欲しいものだと思います。

7　私を支えてくれたお客さん

約五十年強に亘る私の経営コンサルタント人生で私を支えてくれたのは、関与させて頂いた約八十社のクライアントの会社です。関係させて頂いたクライアント様に心から感謝し御礼申し上げたいと思います。その中から約一割の八社程を選んで、どんな物語があったのかを簡単にまとめてみました。私の主なクライアントはほとんどが創業者で、親から会社を引き継いだ人はほんの数人です。私が長いこと関係している間に父親が会長になり、息子さんが社長にというケースもかなりありました。ここで取り上げたケースは全てが創業者と言ってもいいでしょう。

創業者社長とサラリーマン社長とを比較すると、創業者社長は皆さん大変個性的で型破りの方が多いということです。サラリーマン経営者は、大企業という大きな組織の中で出世競争を勝ち抜いてトップに着いた方々です。任期も平均して三期（六年）から六期（十二年）位です。性格的には真面目で誠実な方で手堅い経営をされる、いわゆるジェントルマンが多いと思います。お付き合いして面白いのは、なんと言っても自由奔放な創業者社長です。その一端を紹介しながら私のコンサルタント人生をご賞味下さい

(1) 京都の手捺染工場の戦い

皆さんは「手捺染《てなっせん》」という言葉を初めて聞いたという方がほとんどだと思います。六十年近くも前のことで、当時は日本のあちこちで手捺染工場が見受けられたものです。「捺染」という字から染物だろうと見当がつくと思いますが。

私がコンサルティングをしていた捺染工場は、手捺染のベテラン職人さんが二十人程働いていて、お互いに技を競い合っていました。手捺染とは、白い布生地を捺染台に貼りつけ、デザインから起こした型枠を上に乗せて染料を流し、その上をスキージングというヘラで染め込ませる染め方です。そのデザインは年に二回位、イタリアからセールスマンが色付のデザイン画

を二十～三十枚位抱えて会社に売り込んできます。それを一枚一枚社長が直接吟味検討して購入します。私も一～二度、社長とご一緒にデザイン画を見る機会がありましたが、皆素晴らしいデザイン画で、選び出すのに迷うと感じました。当時、デザイン画は一点一万円位で、かなりの値段だなと感じた記憶が残っています。

デザイン画を購入すると、専門業者に委託して型枠を起こします。その型枠を使って染めるのです。そしてこの会社にはイタリアから三千万円で購入したオートスクリーンの機械を使った捺染チームがありました。手捺染は職人が手数をかけて染色する方法ですが、オートスクリーンは色ごとの版が上下に位置を固定され、手捺染を自動で行う捺染方法です。大量生産ができ、コストも安くていいのですが、しょっちゅう機械が故障して生産がストップしていました。

手捺染の職人さんはほとんどが四十代で五十代が二～三人という構成でしたが、全員が小学校三年卒業で奉公に出され、その後職人になって二十年、三十年の職歴がある方達です。それに比べオートスクリーンのチームは、工業高校の染色科を卒業した二十代後半の方々が中心で、三十代、四十代は一握りという若いチームでした。同じ工場の中に手捺染の仕事場と、オートスクリーンの大きな筒のような機械が並んでいて、両者は仲が悪く職場は何時も険悪な雰囲気でした。機械のトラブルで生産がストップした時は特に危険な状況になります。職人さん達は、「おもちゃみたいな高い機械でロクな染色もできない」と揶揄し、若者は「小卒の捺染バカどもが」とやり返し、罵り合います。まるで水と油が工場で同居しているようでした。お互いが協力し合い一致団結して仕事に当たればもっと生産性が向上することは見え見えで、この協力関係を改善することが私の仕事でもありました。

そんな時、事件が起こりました。或る日の午後、一本の電話が社長宛にかかってきました。その電話の内容とは次のようなものでした。

「社長さん、○○警察署の刑事をしている××と申します。お忙しいところすみません。お宅の社員に△△さんという方が在籍されていると思いますが、そうでしょうか？」

「ハイ、間違いありません。△△が何か問題でも起こしたのでしょうか？」

「そうではありませんが大変危険な人物です。実は彼は共産主義左翼の危険思想の持主です。『会社を潰すことが勝利だ』とする考えの集団の一員で、かなりの大物の一人です。今どんな様子ですか？　不審な行動は感じられませんか？」

「いやびっくりです。彼は入社して四年を過ぎ、大変真面目で仕事も上達し、仲間からも信頼されていて実質的なリーダーです。来年は正式にリーダー職にしようかと考えている男ですが、いやそんな爆弾を抱えているとは思ってもいませんでした」

「社長さん、いずれ彼は行動に移し、社員の皆さんを引きずり込んで会社を揺がすと思いますから、よく注意して観察していて下さい。何か動きがあれば直ぐ私に連絡して下さい。できるだけのことはしますから」

驚き仰天した社長から直ぐに連絡が入り、私は会社に駆けつけました。社長は深刻な顔をして、「先生どうしたらいいでしょうか?」と尋ねてきたので、「会社にとっては大問題ですから、発火しないうちに解決しなくてはなりません。社長自ら立ち向かって、穏便に処理するのが一番と思います」と答えました。そしたら「私はトラブル解決がとても苦手で、今度のような重要問題の解決に自信がないので、なんとか先生にお願いできませんか?」と情けない返事でした。そしてもう一度「どうかなんとかお願いします」と泣きそうな顔になったので、これはダメだと思いましたが、「私は会社の人間ではないので、この問題は会社の人間が処理するのが筋というものですよ」と説得しましたが、社長の次の幹部たる者がいないし、放っておく訳にもいかないので、私が対応することにしました。

本人を呼び出し、工場近辺の顔の知られていない喫茶店で話をしました。工場内では話が洩れるかも知れないと思ったからです。本人に、「お前の正体が警察からの電話で分かった。これを社員に知らせたら、お前は裏切り者で皆から袋叩きに合って放り出されるだろう。一週間は秘密にするから、その間考えて辞めるか、このまま居残るか決めよ。もし居残るなら馘切りだし、去るなら自己都合退職と穏便な処置をするから会社を去れ。お前は組織の中では大物だと聞いているが、こんな小さな会社じゃなく、もっと大きな会社を標的にして狙ったらどうだ。社長も穏便な処理を願っているから、できるだけ早く退職願を書いて黙って静かに立ち去れ」と説得しました。当時は未だ労働争議があちこちで起こり、その為会社が倒産するケースも多い時代でした。戦後の世の中が今のように未だ落ち着いていなかったのです。当人は黙ったまま何も言いませんでしたが、勝ち目はないと思ったのでしょう、三日後に人知れず行方不明となり、退職届が社長宛に届きました。そして工場の皆を集めいきさつを説明すると、「あいつが何でや？」という声が上がりましたが、「裏切り者だったか、信じ難い」という声も上がりました。ショックは大きかったと思います。

この事件を契機に工場内の全員会議を月一回実施し、終わって呑み会をやり、コミュニケーションを取る機会を多くしました。会議は「今、何が会社の問題で、課題は何か、それをどう解決すべきか」というテーマでフリーディスカッションです。約一時間半で、その後は呑み会です。これを一年続けましたら、手捺染のグループとオートスクリーンのグループの仲は従来に比べて随分近くなり、私が課題としていた両グループの一体化に近づき、私が去っても大丈夫と確信するようになりました。それから十五年後位に世の中の流れが大きく変化し、この会社はその大波に呑み込まれたのか、新聞の小さな記事に会社を閉めたとありました。そして新しい仕事を始める為に新会社を設立したとあり、少し安堵しました。

(2) スニーカーの並行輸入で急成長した卸売り会社

この会社は各種の靴を小売店に販売している靴専門の卸し問屋さんです。一九二〇年（大正九年）頃から、それまで誰もあまり履いていなかったスニーカーが日本でも広く普及し始めました。特にナイキのスニーカーが人気となったのは一九八〇年（昭和五十五年）頃からでしょうか。今では電車や地下鉄、公園、デパート等、どこへ行っても男女共にスニーカーを履いている方を多くお見かけします。

当時の靴流通センターは、大手の東京靴流通センターと名古屋の靴流通センターの二系列の各店舗でした。東京の靴流通センターの経営はチヨダ靴店で、一九七七年（昭和五十二年）に出店、名古屋の靴流通センターは二年遅れの一九七九年（昭和五十四年）に靴のマルトミが経営し、出店を始め、靴の小売店はこの二大センターが経営する店舗の出店と共に、靴の中でのスニーカー販売が大きなシェアを占めるようになりました。

そして二〇一〇年（平成二十二年）頃からナイキのブームがやってきました。三十万円もする高額な靴を二足購入し、一足は仏前に供え、一足は自分で履く等のマニアも現れ、ニュースで報道されたこともあります。私がコンサルタントをしていたのは、二大流通センターの各お店にスニーカーを卸売りしていた会社です。ブームが起こると需要と供給のバランスが崩れ、品不足が生じます。そこで並行輸入〈注〉で世界中から商品を集めることになります。

輸入ですから為替レートが円高ならその差益も出ます。その仕入れをするのが息子の常務で

〈注〉【並行輸入】＝ブランド商品等が市場に出て一般の人々を対象に販売されると誰でも購入できます。それを購入して輸入すれば法律にひっかかることはありません。ですから日本の企業が外国で仕入れたブランド商品を並行輸入品として日本で販売することは自由です。価格も自由に付けられます。

した。慶応の経済学部卒業ですから頭はいいのですが、人間的にはどうかな？　と思われる方でした。社長、奥様、お兄様は大変きちんとした方で、社長さんは、「兄は一橋大学を出て一流商社で出世している。本当は兄の方を後継にと思っていた」と言っていました。奥様も何回もお会いして凄く素敵な方なのに、どうして常務はこんなになったのかが不思議でした。例えば並行輸入商品の買付は中国企業が一番多い取引先でした。値段さえ合えば五千万円位までなら即金で買い取るので人気があり、売込みも多かったようです。その代わり約束を破ってドタキャンしたり、因縁をつけて強引に値引きさせたりと、自分勝手な振る舞いが多く、「クレイジー○○」と呼ばれ、中国の商売仲間では有名でした。私も一度彼と行きつけの小料理屋で呑んだことがありますが、カウンター席でしたので、自分の箸でカウンターの上の台に並べてある料理をツマンで食べたのでハッとしました。幸いシェフのマスターやおかみさんにも分からなかった早業だったのでホッとしましたが、「この人はダメだ。まともにお付き合いはできない人だ」と思いました。社長だけでなく奥様も、「長男が家業を継いで社長になってくれたら安心だったのに」とボヤいていました。

　会社には中国の女性で優秀な方が総務兼秘書のような仕事をしていましたが、よく、「会社を伸ばすのも常務次第、潰すのも常務次第」と言っていました。そして「中国の会社が常務の自分勝手な振る舞いや行動で苦労するのを見ていると可哀想で腹が立ちます」とこぼしていました。それでも強引な並行輸入で商品を集め、最盛期には売上げ百五十億円を計上できました。

しかし「好事魔多し」と言われるように、名古屋流通センターが二〇〇三年（平成十五年）十二月に倒産し、会社は五億円の債権回収が不可能となりました。私がコンサルしていた会社の社長は、「昨日マルトミの社長とゴルフを一緒にしていたのに、そんな話は一切なかった」と大変怒っていました。

家を新築した際に何をお祝にしようかと相談され、三越の美術部長を紹介し、在庫の絵を見せて貰いました。その中から「赤富士」の絵、三百五十万円でしたが、これが良いとのことでお祝品が決まりました。こんな高額な贈り物をする価値があるのかと思いましたが、社長が判断することだと黙っていました。考えてみれば名古屋靴流通センターの各店舗に納入しているスニーカーと、それ以外の商品で売上げの三分の一にもなるので、社長の判断もまあこんなものかと納得しました。五億円のひっかかりは、一発ボディにカウンターを張られた程度で、経営に深手を負うものではありませんでした。後日談ですが、倒産した社長は大金を持ってハワイに逃げ、毎日ゴルフ三昧の生活だという噂を聞きましたが、真疑の程は分かりません。

本当のピンチはその二、三年後に襲いかかってきました。大阪で高校生が他の高校生六人に襲われ、履いていたナイキのスニーカーを奪い取られたという事件です。全国紙にも大きく取り上げられていました。これを見た時、即、頭に浮かんだのは、「ナイキブームもこれで終わりだ」との閃きでした。直ぐコンサル先の会社に駆けつけて社長に、「ナイキのブームはもう終わり、売れなくなりますから在庫の山になるでしょう。直ぐに会社の在庫一掃の社長命令を出して下さい」とお願いしました。社長は半信半疑だったので、「これは社会現象ですから、必ず世の中が大変化します。今ある在庫四十万足を少しでも減らさないと、これを抱えての経営は無理でしょう」と説得し、ようやく事の重要性を理解して貰いました。社長の発注ストップ命令が出て在庫一掃の号令がかかりましたが、セールスマンは「まだ売れるよ」という感覚でした。今までは、お客さんに売り込むのではなく、商品をお届けするという感覚でのビジネスでした。お客さんからはウチにこれだけ、もっと商品を回せよと叱られていた営業でした。

しかし、四十万足もの在庫はそう易々と処分はできません。

そして三カ月もすると、世の雲行きが変わってきたのです。

今までのように、店に新商品が入荷するとたちまち売り切れになることはなく、売れ残りの商品が出るようになったのです。この流れを読んでいち早く反応したのは常務でした。売れない在庫があるなら、売れる商品を開発し対応しようと考えたのです。ちょっとおかしな所はあるが、やはり商人の子は商人だ、社長の血筋を引いていると驚き感心しました。

常務の考えは、子供の靴に当時大人気だったピカチュウのエンブレムを付けて売るというものでした。その為、その許可を得る必要があり、集英社がその版権を持っていると聞き、交渉にしばしば上京していました。社長は常務が銀座のクラブで四十万も交際費を使ったとブツブツ言っていましたが、常務の努力で版権が許可され、子供靴にピカチュウをエンブレムとして貼り付け一カ月後には売り出しという超特急の努力で、最終的には一年で十万足を売り、大ヒット商品となりました。しかし子供の靴は大人の靴に比べ価格が安く、投げ売りのナイキの半分の単価でした。私と社長は万一に備え、会社と社長個人の資産を洗い出し、どれ位のキャッシュをひねり出せるかを検討しました。その結果なんとかいけるのではと思える結論でした。その後はナイキの売れ行きも徐々に増加し、最盛期程ではないにしろ売上げが少しずつ伸びてきました。それでも三年後は最盛期に比べて売上はかなり減少しましたが、経営は安定し今に至っています。

あんなに元気だった社長が八十三歳で突然亡くなられました。八十歳当時は、ホテルの会員専用のプールで毎日のように元気に泳いでおられたのですが……。当時私が知る経営者の方々は、八十歳までは元気だったのに八十歳を超えるとバタバタと亡くなられるケースが多く、高齢者は元気でもちょっとしたきっかけでガタガタとくると肝に銘じたものです。八十歳を超えても元気な方は九十歳近くまで生きるケースが多いようで、八十歳超えが大事なんだと思いました。社長亡き後、常務が社長となり、当時のメンバーはほとんど残っていませんが、今も元常務の下で新しいメンバーが頑張っているようです。ナイキのブーム終焉を予測し、在庫一掃を提言し、少しでも会社の危機を救ったと思っています。

さてここでこの会社をコンサルして大変心に残っている三つのケースを述べておきます。

私のコンサルは会社の成長と繁栄が継続するに必要なことをタイミング良く実践することにあります。この会社もほとんど他社と同様コンサルは経営全般について社長の相談相手が中心でした。特に社長と次男の常務との関係が悪く、口角泡を飛ばして口論することがよくあり、その調整が大変でした。しかしコンサルの中で興味深く感じたこともあり、いわば成功例として述べてみます。

①ABC分析を使ってお客さんの分析をする

未だナイキのブームが生じる前でしたが、どうも売上が伸び悩んでおりABC分析〈注〉を試してみました。その結果Aランクに属する客数の売上げ額が約七〇%で、担当セールスマン数が三〇%でした。残り七〇%のセールスマンが三〇%の売上げを取り合いしていることになります。これは少々おかしいのではと考え、Aランク担当のセールスマンのレベルを勘案して倍の六〇%に増やして、BCランクのお客担当のセールスマンを四〇%に減らしました。そしてAランク担当者にハッパをかけ、積極的にお客さんに売り込めと指導したのです。

二～三カ月後に成果が出て社長から金一封が支給され、該当するセールスマンはそれにさらに刺激され勢いづきました。丁度ナイキブームがそろそろ始まった頃で売上げがぐんぐん伸び、会社最高の売上げを計上しました。

②落ちこぼれ集団の倉庫の社員を動機づけする

日の出の勢いのセールスマン達と比べ、社内では落ちこぼれ集団と見なされていた倉庫の人達のレベルを上げないとセールスの足を引っ張りかねない状態でした。そのレベルの一例が倉庫の朝礼で「ホウレンソウが大事」と話したことがあり、これを野菜のほうれん草と思い、「どうやって食べると力がつくの?」と先輩に尋ねた社員がいました。「報告・連絡・相談」の最初の字を取って「ホウレンソウ」と呼ぶことを知らないレベルの社員が多かったのです。そんなことから倉庫の社員は荷崩れしない美しい荷姿で商品をお客さんに送り届けることが必要と説き、お届けする商品の品種、数量、送り先を間違わぬよう二重チェック体制づくりをしました。そして荷造りの実修訓練やテスト等を定期的に実行して、正確さ、早さ、美しさを競うこともたびたび実施して腕を上げる努力を続けました。

そんな努力を続け、口ぐせのように倉庫の仕事は「一に正確、二にスピード、三に楽に楽しく」やることが重要と頭に叩き込みました。皆がお互いに協力して倉庫の仕事を効率よくやれば会社の利益も大きく上がると動機づけをしました。そんなことで倉庫の発送間違いや、注文と違う品種、数量の間違いがグーンと少なくなりました。それがナイキのブームが高まった時に間に合い、売上拡大の大波に乗せることに成功し、社長表彰を受ける程倉庫の社員は成長しました。ようやくしょぼくれていた社員が頭を上げ、テキパキと動き始め、私も大安心でした。

〈注〉【ABC分析】＝自社の製品やサービスを、売上への貢献度が高い順からA、B、Cにグループ分けして管理・分析する手法。

尚、今では荷造りも機械化され、発送先、品種、数量のチェックもシステム化され、今日受注した商品の種類、数量、発送先等は今日中に準備され明日の午前中に発送されるようになっていると聞いております。私がリタイアして十五年も経ち、倉庫の仕事も合理化され、人員も少数精鋭となり、生まれ変わった姿になっているようです。より正確に、よりスピーディーに、が実現しているようで嬉しい限りです。

③マッチングが上手くいった建設業とスニーカー卸売りの会社

それ以外に社長のご自宅の建て替え、敷地の一角に五階建ての高級賃貸マンション十邸（一フロアーに二邸で十室）の建設と、会社の大きな倉庫建設に私のコンサル先の建設会社を紹介し、合計十二億円位の建物を建築し両社長にお礼を言われたのが頭に残っています。いずれも四十年位経っているので今では多少老朽化しているのではと心配しています。社長は八十三歳で亡くなられ、その半年後に私もリタイアしました。常務が社長になり、やはり私との間も何となく違和感があり、引き時と二十二年に亘るコンサルに終止符を打ちました。

(3) 最年少の戦犯になった社長

これは私がコンサルティングした会社の社長のケースです。社長が十九歳で最年少の戦犯にされたお話です。ここで述べたあらかたのストーリーは、社長の妹さんからお聞き致しました。

社長は商業高校を卒業し、どなたかの伝で大学の偉い先生の鞄持ちになったそうです。その先生は国の指示か軍の命令かは定かではありませんが、日本で密かに原子爆弾の研究に関わっていた第一人者であったそうです。当時GHQから目を付けられ、レッドパージの対象になりました。先生の鞄持ちをしていただけの十九歳だった社長も、そのトバッチリを受け、戦犯とされたのです。原爆のことなど全く知識もない十九歳の未成年者を巻き添えにする等は少々行き過ぎだと思いますが、GHQの決定に抗うすべもない若者は、どんなにか悔しい思いとやるせない怒りに心が揺れたことかと思います。

そんな訳で就職することもできず、そうかと言って家でブラブラ遊んでいる訳にもいかず、砂と土を扱う土建屋さんを始めたのです。その後の経緯はよく分かりませんが、多分十年位経った時と思いますが、土木工事の入札に参加する程会社が成長したのでしょう。小牧飛行場の一定区画に三センチ土を盛る仕事を受注したそうです。初めての大きな仕事で、これは儲けるチャンスだと思ったのでしょう。土を一センチ誤魔化し、二センチしか盛り土せず工事を完了させたそうです。今ならメモリのついた木札を土に差し込んで三センチ盛り土されていると写真付きの証拠が工事完了書に添付され発注先に承認をして貰って初めて入金となりますが、当時は戦後のドサクサで、そこまでのチェックがなかったものと思いますが、社長は思わぬ大金を手にしたそうです。たった一センチですが飛行場は広いので三分の一誤魔化すと、かなりの大金になったそうです。そのお金を寝室の畳を上げて、一面にお札を敷き詰め、その上に布団を敷いて寝ていたそうです。寝る時は仏様に自分の幸運を感謝し、今後もどうか見守って下さいとお願いしながら眠りに就いたと語っていました。

しかし、これはどう考えても犯罪です。しかし、ひどい目に遭った三十歳そこそこの若者には、神が与えてくれた恵と映ったのかも知れません。全く罪悪感なしに、このお金を着服したことになります。今からもう五十年近く前のことであり、本人も死亡していますので。この件は黙認ということになるでしょう。

さて私が社長と出会ったのは、何かの会合で私の話を聞かれ、私に声をかけて下さったと覚えています。そして「ウチもコンサルをして頂けませんか」とおっしゃいました。日を改めてお伺いすることにして、訪問日だけを決めて頂きました。初めて会社に伺って、実態把握の為に色々社長に質問したり、経理部長と妹さんから決算書を見せて貰ったり、質問したりして、一日かけて調査しました。分かったのは次のような点です。

この会社の主たる事業は建築業で、時たま小さな土木工事も受注しているということです。工事の内容は、建築工事は官庁工事と民間工事をミックスし売上が構成されていました。その内訳は次の通りです。

①一般競争入札の官庁工事（市・県）
②大手建設業の下請け工事（民間工事）
③随契による小額の官庁工事

④主に社長人脈による民間工事

以上の四本立てで売上を造っています。

まず①の入札工事は年に三～四本位の受注で、その年により若干金額がブレます。社長はなかなか優秀な営業マンで、役所の方とは顔馴染みのようでした。この入札ではほぼ平均受注額は六億円前後でした。

②の大手の下請けで年約十二億円前後の受注。この大手建設会社には下請けの協力会があって、社長はその会長として協力企業のまとめ役を務めていました。

③の随契による小額工事とは、入札しなくても役所の担当者が自分の一存で発注できる工事です。件数は多いが一件当たりの工事金額に限度額が決まっている小工事です。この小工事は年間五千万円前後です。正直なところ、役所の担当者に気に入られると件数が多くなります。随契の小工事は工事金額は小さいのですが利益率が高く、邪魔くさい工事ですが利益に貢献している工事です。

④は主に社長の人脈での工事で、ぜひお宅にやってもらいたいというお客さんです。木造の家や修理の工事が主です。これも年間五千万円前後の受注でした。合計すると十九億円の工事量です。利益は約八％位で一億五千二百万円前後でした。中小企業ですが、規模の割にはよく頑張っている感じでした。まあかなり立派な成績と言ってもいいでしょう。

十九億円の工事を背負って対応する組織と人員はどうかというと、総勢四十五名でした。その内訳は左の通りです。

①建築部三十人（工事を担当して建築物を造る技術者達です）

②営業が四人　年配の人が多く営業と言うより役所に提出する書類や受け取る書類を処理する事務員のような存在（主に随契に伴う書類）

③経理・総務四人、倉庫三人、設計・図面二人、それに社長と妹さん

社長からは、「営業の人的改革をしたい」との申し出がありました。面談は工事部門の主な三人を対象にして実施しましたが、かなり年配の方が多く、若い新人が見当たらないことが問題でした。予備診断で四人の営業マンと面談しましたが、結論としては営業部だが実態は随契に必要な書類を受け取り、提出すべき資料を役所に持参し届けているだけが仕事の中心だということで、これは人を交替させないとダメだと思いました。四人はいずれも五十歳を超えていて残り五年以内に定年となるので、今から十年計画を立て社員への大幅なレベルアップと若返りをする教育も含めた計画が必要でした。

経理・総務の部長は、ソ連の捕虜としてシベリアで三年間も抑留された方でした。経理・総務を兼務する部長でしたが、なかなかしっかりした方で問題はありませんでした。

倉庫の三人はまあ普通の人との印象でした。設計・図面は専門家だなと、図面を見せてもらいそう思いました。面談は好印象でした。面談を終了しての感想は、「全体に社員が高齢化していて、このままでは十年後が思いやられる。今から手を打って若い新人を採用育成し、社員

の若返りを計らないと活力が落ちてダメな会社になる」ということが最終結論となりました。そして社員若返りを計ろうと社長に報告しました。そのことは社長も気になっていたようでした。「その方向で若返りの計画立案と推進をぜひ進めて下さい」と了解して頂きました。

当時大卒は二人しかいなかったので、これからは大卒を中心に採用しましょうと社長と一緒に大学を訪問することにしました。ところがいざとなると社長は尻込みし、「先生ひとりではダメですか？」と言うので、「社長の顔を大学で売って、大学とのコミュニケーションを強く築くことが大切です。例えば学生が『どこかいい所ないですか？』と相談に来たら、『そうだね、この会社はどうだ。社長さんは面白く愉快な人だよ』と言ってもらえるようにしたいのです。これは二番目ではダメなんですよ。最初に『ここがいいよ』と言ってもらえて初めて効果が出るのです」と説得しました。後で気付いたのですが、私の経験ではご自分で叩き上げて会社を興した方は、小学校卒や高卒の方が圧倒的に多く、「大学にご一緒に」と言うと強い緊張感を持たれたり、尻込みされる方が多かったと気付きました。これは戦中・戦後に生まれた方は、当時義務教育は小学校三年生まででしたから、そこで奉公や小僧に出され働いた方が多く、「大学」をまるで別世界のように感じ躊躇されたのではないかと思います。

この社員若返り作戦は上手くいって、初年度三人の建築科の大卒新入社員を確保し、年を追うごとに設計・図面の専門学科や事務系の学部の大卒者達が増えていきました。そんなことで、私のコンサルティングも評価してもらうことができました。

⑷ 江戸時代に始めた個人商店が法人成りし成長した会社

ここで紹介するのは、江戸時代に開業した個人商店が会社法人として現在に到っているというケースです。

出会いのきっかけは社長からの電話でした。私の著書を読んで下さって、「ぜひ一度お会いして話をしたい」ということでした。約束の日に会社に伺って色々お話をお聞きしました。「歴史のある個人商店を株式会社に法人成り《な》（法人化）をして、ようやく零細企業から抜け出し、年商四十億円位になったが、もう一段成長をスピードアップさせたい。それには営業が稼ぐ力をもっとつけないとダメだと思い、セールスマン教育に力を入れたいので先生のお力を借りたい」とのことでした。

そんなことでコンサルティングがスタートしました。法人成りから十四年も経過していましたから、法人成りの時から社長の優れた経営力のお陰で成長したのです。そんな訳で〝創業者〟と言ってもいいでしょう。今までに営業拠点となる支店を五支店程出していました。業種は建材の商社です。社長の下に部長がいて、銀行から転職した方です。この方が社長の秘書役でもあり、相談相手でもありました。ただ銀行出身ですので、お金や経理の知識はありますが、経営相談の相手とするには少し物足りないと社長は思っていたようです。普通の会社での実務経験がない方ですから、それは責める訳にはいきません。そんなことで相談したり意見も聞きたいと私に話を持ち掛けられたと思います。

相談ごとは次の通りでした。

①ご自分の経営についての考えを聞いてもらい、専門家の評価を知りたい。ダメかＯＫか、つけ加えて考えることの有無等々。

②人事について昇格、降格させるべき基準をどう社員に当てはめるかについての考え方。意見或いは配属配転の可否、当人に通知する際、上司の評価等を話すポイントなど。

③人事異動した社員のアフターケアに注意するポイント等。

そんな話し合いで、まずセールスマン教育をスタートしました。各支店のセールスマンを支店ごとに分けて一回約三時間の研修です。私の講義が一時間半、全員のディスカッションとロールプレーイングが一時間半です。支店により受講する人数が五人以下の場合は、二支店合同にして最低人数を八人としました。セールスマンの年齢は平均すると三十代前半です。支店長は四十八歳の方以外四十代前半の方でした。各支店の売上目標が設定してあり、毎月一回は支店長主催の営業会議があり、目標達成率や次月のセールスのポイントをディスカッションし、売上確保を図っていました。私も時々参加して、各セールスマンの成績に注目し、優秀なセールスマン、力の弱いセールスマンを覚える努力をしました。各支店の売上業績は、まとめて本店にも報告されるので、今どこの支店の売上業務が良いか悪いかは一目瞭然でした。この資料を見た社長からの指示が、秘書の部長から各支店長に伝えられることになっていました。私も社長の各支店への指示を見ながらセールスマン研修の参考にしました。

研修の内容は、講義ではセールスマンの基礎的なものです。例えば訪問時の服装とか、挨拶とか、元気な声を出せとか、とにかくお客さんに気に入られるようハキハキと元気な声も出して頑張り屋だ等の印象付けが大切だと強調しました。受付の女性に自分の会社の名前と自分の名前を覚えてもらうよう努力せよ、とかです。セールスの実務としては、ライバルの情報、ライバルの社名や現在の取引金額、数量の調査、売り込んでいる主な販売商品の把握など。さらに、これから売り込めそうな商品はあるのか、購入決定をするキーマンはどなたか、趣味は何か等です。これにより、キーマンに近づき、セールスに成功する戦略を練ることが可能になります。ロールプレーイングの時間は現在特に売り込めと社長指示の商品に対し、一人ずつ商品の売り方を皆の前で実演させ、皆からの意見、良い点不充分な点等々の意見を出させ、本人が参考にしてセールストークを磨き改めて挑戦し、成果を次回研修で発表して貰うことにしました。

このロールプレーイング研修は、特に二十代後半の経験が浅いセールスマンにとって自分の技を磨くのに役立ったようで、月別のセールス実績が上昇した人が多かったようです。そんな訳でロールプレーイングの実施が奏功しました。社長からお褒めの言葉を頂いた支店もありました。そんな具合で会社の売上は拡大していましたが、社長が最も期待していた支店長の担当支店が期待した成績を挙げられず苦戦しているとの問題提起があり、社長としては支店長を本社に戻したいという人事案が示されました。支店長は四十八歳とセールスマンの中では最年長で、商品知識も豊富で営業を引っ張ってきたのですが、社長によると成績がストップしていると感じているようでした。「もう年だし成長がストップしてマンネリ化している。今までの貢献もあるのでそれを考慮して本店で仕事をやらせたい」というのが社長の考えでした。「先生どんなものですかね」と質問されたので、「私の見るところでは、知識、経験、知恵はベテランだけあってナンバーワンだと思います。ただ四十八歳となり、朝から晩まで飛び回る営業は少しきつくなり、飛び込み営業や新規開拓の夜討ち朝駆けの営業は億劫になっていて、行動力が若い時より鈍っているのではないかと思います。ですからもっと若い方を支店長にするのはいいと思いますが、誰にするかが問題ですね」と答えました。それと、「一度本人の考えをそれとなくお聞きになったら如何でしょう。例えば何かの折に『君の後継ぎは育っているかね。後継ぎが具合悪ければ、次の支店長代理は誰が適任と思うか』等と投げかけて考えを探るとか、方法は色々考えられますが」と申し上げ、社長に「これはという候補者がおられますか?」と尋ねたら、「うーん、ちょっと迷っているがいることはいる」との返事でした。「誰ですか?社長の思っておられる方とは」と問うと、「課長の○○君だ」と答えられたので、「エッ本当ですか?」と驚きの声が出ました。○○君は入社五年目のトップセールスマンで、全支店のセールスマンの中で二十五歳の最年少セールスマンです。入社五年で課長に昇進したトップセールスマンで、天才とも言われている程で、支店売上目標を一人で三分の一も挙げています。私は即座に、「それはダメですよ、支店の売上も減るし、○○君も倒れますよ」と叫ぶように大声を出し感情が高ぶりました。社長は「未だ決めた訳ではないので、皆の意見も聞いて判断する」と話されました。私の強い反対が分かったということでした。

○○君はモーレッツセールスマンで誰もがマネできない程よく動き回ってセールスに励んでいます。朝は七時に支店に出社して、商品サンプルやカタログ等々を準備して、七時半には会社を飛び出しお客さまの所へと走ります。帰社はたいてい夜の七時か八時です。それから日報を書いたり、セールス結果のメモを整理したりと一時間位その日のまとめをして、ようやく帰宅となります。土曜、日曜でもお客さんの要請があれば休みません。そして支店目標達成の為に頑張っています。若いから体力もあり、疲労も一晩眠れば感じないのかも知れませんが、支店長職は人間関係や部下の指導も必要になるので質的な仕事が加わります。未だ二十五歳ですし、支店長になると全員が年上の部下となり、このプレッシャーで、当然セールスの方に向けるエネルギーが減り、しかも管理の仕事でプレッシャーに潰れるかも知れません。

「一種の賭けですよ」と忠告しましたが、社長の考えは変わらないようでした。社長の考えは、「彼を支店長にすれば、皆が彼を見ならって頑張るだろう。そうなれば支店の成績も今よりぐっと挙がる」というもののようでした。人事権は社長にある訳で、私は部外者ですからそれ以上のことは言えません。結局社長の思い通りの人事がスタートしました。結果は年上の部下が総反発し、目標達成が大幅な予算落となり、その挽回のため新支店長は今まで以上にモーレッツなセールスをやり、部下を放ったらかして飛び回り、とうとう六カ月後に倒れてしまいました。

優秀なセールスマンが優秀な管理者になるとは限りません。この人事は失敗し、○○君の回復を待って三カ月後に元の人事に戻しました。○○君も精神的なプレッシャーもなくなり元通りの一セールスマンとして活躍するようになって一件落着しました。

社長は「先生の言う通りになった。私のミステイクです」と、人事は難かしいと言っておりました。○○君もいずれ支店長としてもこの失敗を学んで活躍してくれるだろうと思ったものです。私のコンサルもロールプレーイングを強化し、その成果が少しずつ出てきたのが目に見えるようになり、各支店長中心に独自にロールプレーイングも実施できるようにもなり感謝され評価されました。

(5) 江戸時代の塩田開拓が源の会社

「塩田とは何だ？」と思われる読者が多いと思います。かつて塩の生産は海に近い場所に田んぼ一反位の大きな囲いの中に海水を注ぎ、天日で乾燥して塩を採取していました。これは大変労力も日にちもかかる方法でした。その会社はそんな塩田開拓が源の会社でした。

大昔のことですから、詳しい事情は不明ですが、当時個人で建設業をやっている社長が私を訪ねて来られました。話を聞くと、「今個人事業者として建設業をやっているが、先行を考えると株式会社にした方が良いかと思って色々悩んでいる。専門家の話を聞いて決断した方が良いと思い伺いました」とのことでした。聞いてみると現在は五億円程の売上とのことでした。「これから会社を大きく発展させたいのなら法人成りをした方がベターだと思いますよ」と申し上げると、その場で直ぐに、「一年間で準備して会社にします。一年後にまた伺いますので指導をお願い致します」との決意を示されました。見かけはスラッとした方で、見るからに建設業のオヤジだというところは全くなく、銀行員のようなきちんとした方でした。その後は全く連絡もなく私もすっかり忘れていました。某日、「一年前に伺った○○ですが、お約束した一年が経ちましたので一度伺わせて貰います」との連絡があり、びっくりしました。これで通常の建設屋のオヤジさんと全く違うと分かり、コンサルティングを週一回会社に伺ってすることにしました。

新会社は一九七一年（昭和四十六年）に設立されました。当初のメンバーは三人兄弟の長兄である○○さんが社長、次が専務、末が常務で、その下に土木三人、建築五人位、それと社長の奥さん、男性社員二人と女性社員二人位の構成で、工事は外注に頼っていたようです。会社にする一年少し前に初めての鉄筋コンクリートの倉庫を建て、苦労しながらも完成し、鉄筋コンクリートの建物を造るノウハウを手に入れたと社長は誇らしげに言っていました。まだスタートしたばかりの零細建設工事会社でした。しかしそれからは順調に伸び、土木工事は部長も含めた三人でしたから大手の下請けでした。そして技術未熟の為しばしば赤字の不良工事をチェックされ、ヤリ直し工事や追加工事となり赤字が出ました。それでもそんな失敗から技術を学び、十年後位には道路工事、トンネル工事の一部をやれるレベル迄になりました。建築の方は鉄筋コンクリート工事のノウハウを早く手に入れ、倉庫、住宅、学校等の建築を手がけ、会社の主たる工事売上の部門となりました。設立当初の社員は農家の二、三男が主で、いわゆる土方という人が多く、給与も一日いくらの日給でした。こんな状況では成長が難しいと社長に申し上げ、「大学の建築科や土木科の学生を採用して人を育成しましょう」と、社長と一緒に大学を訪れました。この時も社長は「大学など行ったこともない」と緊張気味でしたが、一度訪れたら馴れもあるのでしょうか、社長の方から声をかけられ大学に再訪問するようになりました。中途採用にも力を入れ始め、新聞広告を出したら五人位の応募があって社長と一緒に面接し、現場主任が出来そうな人を三人程採用しました。

その中の一人が北海道大学建築科卒業とあり、これは拾い物と思い、試しに小さな現場を任せて力量を計りました。まあまあなんとか完工までなし遂げましたが、北海道大学卒にしては少し落ちるのではと感じました。そうは言っても人材不足で、次にかなり大きな工事の現場主任にしたところ、鉄筋の本数不足と建物が少し傾いているとか検査で指摘され、「おかしいな」と思い大学に問い合わせ調べましたら、返ってきたのは「当大学に在籍したことはありません」との報告でした。経歴詐欺と分かり驚きました。本人に問い詰めると詐欺常習犯と分かり頭にきました。当時は建築ブームでもあり建築の技術者を求める会社が多く、こんな詐欺事件が起こったのでしょう。即日退職にしましたが、後味の悪い事件でした。

会社の工事現場が小さな現場も含めて十五カ所位になり、月一回主だった主任を集め主任会議が開催されるようになり、夕方五時から社長がふん発して夕食に鰻丼を注文してくれました。大変美味な丼で、関西流のパリッと焼いた鰻丼です。関東流は蒸して焼きますが、この違いは、関西の鰻は骨が柔らかなのですが、関東の鰻は骨が硬いためです。お店は会社近くで営業していて、近辺では美味しいと評判のお店でした。皆が「美味《うま》い、美味《うま》い、社長ありがとうございます」とワイワイ騒ぎながら食事を楽しくしているのに、一人だけ食べない者がいて、「どうしたの？　嫌い？」と尋ねたら、「大好きですが、食べると晩酌が不味くなるので」との答えでした。成程酒好きはそんなものかと納得しました。腹を満たされて、それから会議ですから皆が機嫌よく活発な討議が繰り広げられました。成程、「腹がへっては、戦《いくさ》はできぬ」という諺を知ってのことか、社長はなかなか上手く考えているねと感心しました。当時は夕食など出さず、夕方六時頃から夜の十一時位までお茶一杯出るだけの会社が多かったので、私もいくつかの会社で「食事を出したら？」と提案したことがありますが、たいていの社長が「検討します」とは言いますが、経費がかかるということで実現しませんでした。今はもう夜中迄会議というケースはほとんどないと思いますが、三十～四十年前は、まだ終業後の会議が多かったのです。

私のコンサルは、新会社が立ち上がった時は社長を中心に万事なんでもの相談係でしたが、会社が少し落ち着いた二年後頃からは、三兄弟の喧嘩仲裁係でした。兄弟仲は特に社長と専務の考え方が違い、しょっちゅう衝突していました。考え方の差は、社長は常識的で健全、専務は奇抜でリスク大、但し、上手くいけば成果大ということで、仲裁はなかなか難しいものがありました。例えば会議が終わって家に帰った頃を見計らって、社長から一時間も専務をボロクソに言う電話。これがやっと終わったと思うと、今度は専務からの電話です。「先生、長電話だったね、社長からですか?」と続いて社長の頭の固さをボロクソに言うことです。そして、「先生はどっちの味方ですか」と問われる有様でした。経営の堅実性から考えれば当然社長ですが、もしそう答えたら専務とはコミュニケーションが切れてしまうと思い、なだめすかし、何とかウヤムヤにして電話を切るのが大変でした。

実は専務は年二億円位の全く別の工事を担当していました。大手の会社が開発し、特許を取ったレンガの焼物が全国展開をしていて、その指定工事業者でした。自治体が水道水浄化の貯水池を造り、その内側に特許の焼きレンガを貼る工事です。全国各地で大手企業に貯水池の工事依頼があると、レンガを貼る工事の為に職人三人を引き連れ現地に行き、現地で工事外注会社を探し工事をします。ごく単純で簡単な工事ですが、外注を受けた業者にとっては初めての工事ですので、専務側の職人が指導・監督をします。工事は二週間から長くても一カ月です。これが一年で二億円になり、利益率も高いので、専務は俺がこの会社を支えていると思っています。しかし気さくで誠実な社長の人柄と、常務の抜群の営業力で、建築・土木共に仕事は一年ごとに伸びました。当時は未だ〝談合〟で仕事が決まる時代で、常務は政治家を利用して市の発注工事の二分の一程を受注する活躍でした。そんなことで売上げ二十億円、三十億円と会社が成長すると、専務担当の工事二億円は徐々にその比率が落ち、同時に発言力が弱くなりました。代わって三男である常務の発言力が高まり、交際費が大となり、社長から使い過ぎだと叱られました。そしてハシゴは一軒だけ、年間で二千万円以内と決められ、一件落着しました。

その頃から、現場主任の研修に力を入れました。私だけではなく大手建設会社の人事部長と親しかったので、現場主任のリーダーを派遣してもらい大企業のノウハウを取り入れるよう努力しました。私は「現場主任は現場の社長」、「実行予算は会社の憲法」と思えと訴え、皆のモチベーションアップに力を入れました。こうしてこの会社のイメージは、頑丈な建物を造る誠実で真面目な会社という評判が定着したようです。

その間に新人採用中途採用等に力を入れ、優秀な人材育成と確保に努めました。現社長は私が新入社員採用で面接した男性です。毎年年賀状と株主総会での新しい人事の挨拶状を送ってくれています。引退した前の社長も、入社時に私が面接しました。社長に就任する二人もの人材が出たことで、私が関与した人材育成が評価されたのかと嬉しくなりました。私は七十二歳でリタイアしましたが、送迎会は百人余りの社員が参加して盛大でした。リタイア後もお金が振り込まれてきたので、経理部長に電話して、「間違ったな」と言うと、「社長から今年いっぱいお金を払えと言われています」との返事で、直ぐに社長に感謝の電話を入れました。感謝、感謝の一日でした。

⑹アメリカで見た工事現場のヒントから起業

或る日、恰幅のいい中年の紳士がお供を二人連れ訪ねて来られました。「何かご用でしょうか」と尋ねると、「俺の所は創業からずっと黒字で赤字になったことはないね。今日はどうやったら赤字になるのか、教えて貰う為に伺った」という口上でした。何ともキザな言い草で、偉そうに生意気な奴だと腹の中では思いましたが表には出さず、「それは凄いですね。どんなお仕事ですか？」と尋ねました。すると、「ビル等を建設するとタイルやレンガを壁に貼るだろ、それに必要な建材用の接着剤《のり》だよ」とのことでした。それで建設用接着剤のメーカーの社長さんだと分かりました。そして「なかなか面白い業種ですね。ヤリ方次第では大きく伸びそうですね」と少しおだてると乗ってきて、「今日は専門家の知恵を借りに来た」と、やっと本来の来訪目的を明かしました。最初に強烈なパンチを一発打って印象付けて、お金はあるぞと黒字継続を知らせたり、話術は凄いと思いましたが、こちらには全てお見通しでした。なんかインテリヤクザ臭い社長だなと一瞬感じました。「それではコンサルティングをお望みですか？」と言うと、「まあそういうことだ」と本音が出ました。

会社はどんな状況かを尋ねると、「製販二つに分けて、通常本社と言っている販売会社、支店は北海道から九州まで八支社、子会社の工場は一カ所」とのことで、工場の社長は本社の専務兼務で、会社創業の仲間でもあるとのことでした。「コンサルティングは販売会社ですか？工場ですか？」と尋ねると、「社長個人のブレーンとして必要な時に相談に乗ってくれればよい」

との話でした。「それでは会社の状況把握の為、予備調査をさせてもらい、コンサルティングをしたら成果が出そうか否かを判断し契約させて貰います」と言うと、「実は今私が株主でもあり取締役でもある貿易会社の社長が悩んでいて早急に相談に乗ってもらいたい案件があり、こちらを先に見てくれないか。一日診断で費用は貿易会社で支払うよう話を通しておく」とのことでした。「社長でもないのにこの人はどういう立場なのか?」と思いましたが、まあいいかと思い後日貿易会社を訪問しました。

社長からお話を伺うと以下のようなことが分かりました。この会社は主に家の浴室に貼る五センチ角のタイルをイタリアに輸出し、イタリアのギターを輸入して日本で販売している会社でした。十五年程前にイタリア駐在の音楽好き社員の提案でギターの輸入販売をしたことが当たって、当時はそんな会社が珍しかったことと、ギター製造技術が日本より上だったイタリアからの輸入ギターが評判になって売上げが拡大し、五階建ての自社ビルを建てたそうです、しかし十五年も経過し、日本製のギターの音質も上がり、輸入ギターに負けなくなり、さらに輸入で儲かると見た同業他社の参入も多くなって過当競争になってしまった。段々と輸入の儲けが厳しくなり、とうとう赤字となったそうです。先行を考えても厳しいし、事業を畳むかどうか迷っているとのことでした。それから半日程色々と話を聞いて、私の考えをまとめお話をしました。結論から言うと、「輸入販売しているギターに代えて、イタリアの高級タイルを日本の富裕層に売ったら」というものです。デザイン的にはイタリアの方が断然優れていますから。

それを聞いた社長の反応は、「イヤーッ、私もそれが一番ベターと思っていたんです」とのことで意見がピッタリ合いました。そして「ギターに関係する社員の多くは、以前は皆タイルを扱っていた人達で商品知識がある人が多く、この十五年以内に入社した人達以外即転職可能です」とのことでした。そんな結論で社長の考えとも一致し安堵しました

それにしてもよく分からないのはあの本社社長の言動です。ご自分が社長でもないのに社長以上の権限を持っているような振る舞いに合点が行きませんでした。後で分かったことですが、本社社長、工場社長、貿易会社の社長三人は、若い頃同じ大手タイルメーカーに勤めていて、上司と部下の関係でした。工場の社長と貿易会社の社長は兄と弟だったのです。これでようやく本社の社長が力を持って振る舞うことが分かりました。貿易会社設立の折も、多分資金を援助し、株主にも取締役にもなったものと推測されます。

それから二週間後位に連絡がないなと思っていた本社社長から電話があり、「工場で労働組合が結成され団体交渉を求めてきた。上部団体からも三人が来て、一緒に団交を迫られ、今対応中だ。まあ後一週間位で片づけるから、もうちょっと待ってくれ」ということでした。工場での組合結成は狙われたのではと思いました。丁度工場の社員は七十人位で、グループの規模は販売会社も含めて二百人弱でしたから、格好のターゲットではないかと思いました。

二週間後には「全て解決した」と連絡がありました。話を聞いてみると、上部団体の三人を呼び付けて相当のタンカを切ったようです。多分、三人は社長が隠れヤクザとでも思ったので

はないか、或いは自分達の命に関わる程危険な人物と感じたのかも知れません、それ程怖い人物と感じ手を引いたのでしょう。その後は社員だけの組合ですから、社長のひと睨みで問題解決となったのだと思います。私の推測ですが。

本社社長は小学校三年卒業（当時の義務教育は小学三年生まで）で酒屋に奉公に出され、お客さんが注文したお酒を届ける係をしていたそうです。お金持ちの家に届けると家の女将さんが「小さい子供なのにご苦労さんね」とお菓子やお駄賃をくれるのを楽しみにしていたそうです。そんな幼馴染みの金持ちのお嬢さんと、どんないきさつかは知りませんが結婚したのです。ですから結婚当初から嫁さんに頭が上がらず尻に敷かれていたようです。その関係は生涯崩れることはなかったと思います。ですから、私が社長と知り合った頃からほとんど別居状態でした。六十代頃から一人で世界中を観光し、写真が趣味で写真集を自費出版しては知人、友人、関係先等々に配っていました。確かに普通の人は訪れたことがない地域ですし、写真の腕も見事なものでした。

社長と付き合ってみると真に努力の人でした。まず事業に対する発想が優れていて、知恵やアイデアが閃く方でした。運転手付きのベンツを飛ばしてどこへでも出かける人でした。或る時、運転手さんに、「社長はどういう人だね？」と聞くと、「先生、中小企業のオヤジ程会社が儲かっていれば楽しい人生はないでしょう。金は使い放題、女は遊び放題、ゴルフ三昧に、海外旅行と、言うことなどないでしょう。頭の上がらぬひどい奥さんだとはいえ、可哀相ですよ」

とのことでした、なかなか強烈で口の悪い運転手さんでした。そんなこともあり、世界中の一人旅となったのかなと思ったものです。

そんな旅の中から、若い三十代の頃と思いますが、アメリカ旅行に行った時、ニューヨークかボストンだったか忘れましたが、建築工事を見ていたら職人らしき人が見え、近づいて見ると、ビルの壁に左官職人が何か黒いかたまりを壁に擦《なす》り付けているのを見て、「一体何をしているんだ？」と思って更に近くまで行って観察したそうです。そしてその黒いかたまりをサンプルとして持ち帰り、直ぐに市の研究所に持ち込み分析をお願いしたそうです。その時の研究所の所長さんの机の上に同じ物が置いてあって驚いたそうです。分析の結果、タイルやレンガを貼るノリと分かり、起業となったのです。そんなご縁で研究所の所長さんとも仲良くなり、会社の研究所の所長として定年退職後に高額な待遇でスカウトしました。京都大学出身の所長をスカウトしたことで、商品の品質向上、新商品の開発等のスピードとレベルがグーンと上がり、会社発展の原動力となりました。

会社にお客様や現場職人から寄せられたクレームは全て録音されていて、これを分析、検討、研究すれば新商品、改良商品のアイデアがいくらでも湧いて出ます。この商品はこういう風に改良したら使い勝手が良くなるとか、こんな所にも使えるとか、こんな商品ができると大変便利だよとか、もっと安くていい商品ができるとか、全てお客さんや現場の人がご自分の体験から教えてくれる訳です。ですからこのクレーム記録は会社の宝物です。これを活かしての商品合ってのことですが。

開発体制が出来上がり、会社の成長エンジンになったと思われます。社長と研究所長との息が合って順調に推移しました。

さて、私のコンサルティングの方はと言いますと、社長とは気が合って順調に推移しました。社長は社内にご自分と対等以上に経営について議論できる方がいなかったので、たまたま出会った私をブレーンにしたのでしょう。社長との話以外に、幹部社員の合宿研修の講師やセールスマン研修、その他各種研修にも関わり、社員の方々との親交も増えました。一つだけ社長との約束を守れなかったことがあります。息子さんに社長の席を譲られ会長に就任された頃と思いますが、日曜日に自宅マンションに呼び出しがあり、何と白い紙の巻物を出してきて、「ここに自分の葬儀のやり方を認《したた》めてある。この通り実行するようお前が見届けてくれ」とのことでした。巻紙には、葬儀委員長、弔辞を述べる人、お坊さん等細々《こまごま》と書いてありました。当時から息子さんとはよく喧嘩して仲が悪かったので、どんな横槍が入るかも知れないと、よりにもよって私に頼んだのかも知れませんが、大変な役割だと思ったものです。会長は長寿で亡くなったのは九十四歳でしたから、その間に巻物で役割を分担する方々はほとんどが亡くなっており、私の役割は自然消滅しました。葬儀は当然ご長男が喪主として執り行われ、ヤレヤレでした。会長は天上界から見て、苦笑をしておられるのではと思いました。多分ご自分より年上の方を指名していたことが改めて思い出され、これはミステイクだったと気付かれたと思います。それにしても葬儀委員長に指名したご自分より若い工場の社長のことを「俺より先に死ぬとはけしからん」と呟いている様子が目に浮かびました。どうぞ安らかにお眠り下さい。合掌。

(7) 一代一業の新規事業を増やした会社

この企業のルーツは、貧しい農家に生まれ、十五歳で学校を中退し、綿糸工場で働きながら勉強していた主人公が、八年かけて薬剤師試験に二十三歳で合格した時から始まりました。挑戦のきっかけは働いていた工場の社長が言った、「これからの時代は公的資格を持つ者が社会のリーダーになる」との一言が強く胸に響いたからです。合格したのは一九二一年（大正十年）十一月、二十三歳の時でしたから、長いことよく頑張ったものです。

当時薬剤師と言えば大変なものでした。一挙に高い社会的地位に就いたようなものでしたから。試験は大変な難関で、合格者は稀で、当人は一躍地域で有名になり、名前が知れ渡りました。その後、実務経験を積む為に大手の薬局で丁稚奉公を三年程経験し、一九二四年（大正十三年）に薬局をオープンしました。本人は苦み走ったいい男で、酒豪でもあり、特に花柳界では、お金もあるし、気風《きっぷ》も良かったのでしょう。モテモテだったようです。薬局オープン当初はよく働きお店も繁盛していましたが、それをいいことに、駆け落ちまでして一緒になった奥さんに店を任せ、ご自分は朝四時に起き、朝食前に多少の農作業をやり、朝風呂に入り、朝食時から酒を呑み、昼酒、夜酒と、酒は片時も手放さないという生活に嵌《は》まっていたのでした。そんなことでしょっちゅう夫婦喧嘩をして、喧嘩薬局と陰口を叩かれていました。二人はアッアツの恋仲でしたが、奥様の実家は地主の大金持ち、夫の実家は貧しい農家で、家格が違うと奥様のご両親が結婚に猛反対され、やむなく駆け落ちという強硬手段で一緒になったのです。今ならできちゃった結婚のようなものでしょう。そして子供が長男、続いて女の子三人、末子の男子と五人に恵まれたのです。

薬局は長男が経営に参加するようになるとよく繁盛し、次々とお店を新規開店しました。末の男の子が大学を卒業し就職をする頃には、お店は五～六店にもなったようでかなり儲かったようです。末の男の子は大手の薬問屋に入社し、メキメキと頭角を現し、五年もするとトップセールスマンになりました。兄とは九歳も年の差があるので、当人は経営の実権を握っている兄の会社には入りたくなかったのでしょう。自分で独立することを考え、医薬を扱うが兄と同じ小売薬局ではなく、今まで勤めていた問屋として起業することを選んだのです。それは病院と開業医を対象に薬剤や医療機器等を販売することでした。兄の小売と業態は違うが医薬品という商品は共通しているということでした。

私がコンサルティングをしたのは末弟が起業した会社と、その長男が会社を引き継ぎ、さらに介護事業のビジネスを立ち上げた会社です。それでは出会いとなったきっかけ等を述べてみましょう。或る日、この問屋会社の社長の奥様から電話が入り、「先生の著書を読んで大変勉強になりました。ありがとうございました。ぜひ一度お目にかかってご相談させて頂きたい」とのことでした。相談内容を尋ねると、当時二十七歳の息子さんのことでした。話の内容は概ね以下の通りです。

「息子が時々会社を休んだり、サボッタリ行方不明になったり、出社が遅くなったりして心配しています。何故なのか分からず、こんな状態だと将来会社を継いでやっていけるのか不安です。先生に一度面談して頂き彼の考えを聞いて欲しい——」

後日改めて会社を訪れて若い息子さんに面談しました。若いがなかなかしっかりした考えの持主でした。「お母さまがあなたの行動に大変不安を感じておられ、私に一度会って話を聞いて欲しいと頼まれた」と、ことのいきさつを説明しました。すると、「うちは父が社長、母が専務、そして若造の私までが常務です。社員からすれば窮屈で、社長、専務から小言を言われ緊張から心が休まらないと思っています。そこへ若造の常務が加わってワイワイ言ったら余計に混乱した会社になると思って、私はできるだけ会社に行かないようにしているのです」とのことでした。

お母さまには、「大丈夫ですよ、とても優秀な方です。本質的にはきちんとした方ですから、三十八歳位になると見違えるように変わり、仕事に打ち込むようになるでしょう。私が、「毎朝必ず始業時迄に出社して、社員の方々に顔を見せた方がいい。その後はフリーでもいい。しかし会社を継ぐなら、何か得意なことを仕事としてやってみることが大切です。それによって社員から息子があんなことをやってるぞと関心を持たれ、それが社員のメリットになるような事なら、『なかなかやるね』と信頼感が増すと思うから、その点をしっかり考え実行して下さい」

と申し上げておきましたので、専務さんも時々注意して見守りなり、アドバイスなりチェックなりをして下さいと報告しました。それから十年、二十七歳だった息子さんが三十七歳になった頃です。お母さまから、「先生のおっしゃった通り最近は随分変わりました。今はもう社長も私もいなくても経営ができる程に息子が成長しました。ありがとうございます」との言葉を頂きました。

トップセールスマンだった社長さんは、病院や開業医向けに業務用の薬品や医療機器の販売会社を設立したのですが、そう簡単に売込みはできませんでした。まず地元の病院に目をつけ訪問してみましたが、ほとんど相手にされず門前払いのような扱いでした。そこでトップセールスマンだった経験から考え出した戦略は、①病院の誰かと仲良くなり、②そこから人脈を広げ、③購買決定権者に近づき取引につなげる、というものでした。それからは毎日病院に顔を出し、看護師さんや薬局の人に顔を覚えて貰う努力をしたのです。そんなことで段々と顔見知りが増え、お互いに冗談の一つも交わすようになりました。或る日、頃合を見計らって忙しそうに立ち働いているタイミングを狙って、「薬局のお手伝いをしましょうか？」と申し出たそうです。相手も猫の手も借りたい程多忙な時でしたから、「悪いねーッ」と言いながら手伝わせてくれたのです。以降、毎日薬局に入りびたり、薬局の手助けをしたのです。当時は分包機などなく、全てが手作業でした。そんなことですから戦力の一部になったかのようでした。そうなると、「社長さん、あれ持ってきてよ」等と薬局の人も便利ですから、随意契約で仕事が入り出したのです。社長は、「入札の取引は金額は大きいけど、手続きや業者同士の貸し借り等でモメたり騒いだりで大変だから、今の会社の規模では随契の方がいい」と判断し、「将来は入札参加ができる規模になるぞ」と心の中で誓ったそうです。そして仕入のボスに近づくことができたのです。この方は酒と女が大好きでしたので、誘うと喜んで直ぐに来て下さり、お座敷での芸者遊びとなります。当時は「野球拳」とか、「へそ酒」とか、遊んでいると時間はあっという間に経ち帰宅は午前様となります。こんなことの繰り返しで、次第に商売の方も伸びて、地元の市民病院との取引が会社の知名度を高め、かつ会社発展の基盤ともなったのでした。

コンサルを依頼された時は、創業者の社長は五十代前半位だったと思います。得意のお座敷芸者遊びを武器に病院の取引を増やし、兄の薬局ビジネスより大きくなっていました。そのために働き過ぎのせいだと思いますが、三十代後半から糖尿病に冒され、お酒を制限されてしまいました。私が訪れるとお昼は社長、奥様、息子、私と四人で美味と評判のお店に案内されて、社長が料理を頼まれ、「先生お酒は如何ですか?」と聞かれ、私が返事する前に必ずお銚子一本を頼まれ、それを呑み終ると、「先生もう一本如何ですか?」と尋ねられるのですが、私の返事を待たず、「ハイ、おかわりもう一本」と頼まれるのです。糖尿病と聞いていましたし、昼間でもあり、私は銚子一本で充分だったのですが、お酒が好きな社長は私をダシにして、奥様から「貴方ダメでしょう」という声を聞きたくなかったのだと思い、「社長、昼酒はお止めになった方がいいのでは?」と言うと、奥様が苦笑されていました。

しかし、社長の経営戦略は素晴らしいものがありました。当時医療用酸素も扱っていて、大きく重い酸素ボンベが倉庫に並べて置いてありました。取引が深まった病院に自社の費用で手術室やその他、医療に酸素を使う場所に配管を設置し、必要な時にそこからスイッチ一つで酸素を取り出せるようにしたのです。自社の営業範囲には病院が十以上ありましたが、田舎の病院では都会の先端病院のようにはいかず、酸素ボンベの配管が遅れていました。そんな訳で手術の時など大変でした。当時一病院に付き三千万円位の投資をして、私がコンサルで訪れた時は既に五~六の病院に配管を張り巡らせていたのです。これではいくらライバルが安売り攻勢をかけても、配管が使えなければどうにもならず、配管のある病院の酸素は独占となります。見事な戦略でした。

私のコンサルの仕事は、もっぱら守りを固めることでした。攻めは社長をはじめ皆さんが驚く程強いのです。しばしば販売キャンペーンをやり、自社の商品と全く違う、例えば空調機器等をメーカーと契約して三カ月間のキャンペーンを張ると、社員全員がセールスマンになり、身近な人脈を辿って売るのです。三カ月で五十台売れば仕入れがいくら、百台ならと契約していますから、儲けが全員に知れ渡ります。そして報奨金額も売上台数で決まっていますから、自分の取り分が分かります。いわばボーナスみたいなものですから一段と熱が上がります。このキャンペーンで最高に売った方は十台、六十代のベテランの女性社員でした。

しかし守りの方は弱く、しっかりした社員がいませんでした。就業規則や給与規程その他の規則類の整備、人事考課のやり方等々の各種マニュアルの作成整備等が中心となり、ルールに応じた行動をする体制にすべく研修にも努めたのです。そうこうしている内に社長がパーキンソン症候群という難病に罹患され、奥様は付きっきりで看病に当たられることになりました。会社の方は既に息子さんが切り盛りされており、介護ビジネスを起業する為の猛勉強をして資格を取得され、介護施設も何棟か建設されて何の心配もなくなりました。丁度当時は社内事務をシステム化する会社が増え、この会社もシステム化が必要ということでシステム投資をしました。しかし、介護事業は新興のビジネスで業務ノウハウをマスターしているソフト会社はほとんどなく、発注する会社にしっかりとソフト業務のカン所を説明できる方がいないと、たいてい途中でトラブルとなり頓挫してしまいます。この会社もそんなケースに嵌まってしまいました。このトラブル解決が第一となり、コンサルは中断し、私は身を引きました。

八年後位にまた、連絡があり、社外取締役就任を打診されました。今度はコンサルタントではなく社外取締役ですから、月に一回取締役会と経営会議へ出席し、会社がコンプライアンスに触れる行動をしていないか等のチェック役のような仕事で、コンサル程の重みがある仕事ではなく、意見や要望等の発言で実行は会社にお任せと楽でした。創業者の会長は既に亡くなられ、奥様は副社長として睨みを利かせておられましたがこちらも亡くなられ、二〇二〇年（令和二年）にコロナが発生し、外出もままならず、私も八十三歳の高齢になり、社外取締役をリタイアさせて頂きました。コンサルの約十年、空白の約十年、社外取締役約十年の三十年もお世話になった会社でした。

⑻ 五十一歳で立ち上げたITの会社

さて、第一部は「経営コンサルタント編」と題して、コンサルタントへの道のりを出生から三十年かけて辿りついた物語でしたが、第二編は私が五十一歳で起業したＩＴの会社、株式会社「ホロンシステム」の社長、会長としての三十年余りの物語です。今ここで述べるのは、この会社があって、私の晩年の人生は良い人生になったことです。

日本のサラリーマンのほとんどがリタイアすると生活の収入は年金頼みとなります。私の大学のクラスメイトは、そのほとんどが誰もが名前を知っている大企業のサラリーマンです。しかし、七十二歳までに出世し取締役になった人も含め、全員リタイアしていて、後は年金生活です。年金は年間でおおかた六百万円～七百二十万円位です。中小企業のサラリーマンですと、年間三百六十万円～四百八十万円位ですから、かなりの差があります。サラリーマンの報酬は労働の対価ですが、定年六十歳後の再雇用で働いても六十五歳でリタイアです（これは将来七十歳か七十五歳になる可能性もありますが）。それ以降は年金生活になります。

当面は奥様と二人暮しとなります。家もあり、子供達も自立していれば、年金だけの生活はできますが、大企業に勤めていた人との収入には大きな差があり、生活は楽ではないかも知れません。特に奥様が先立たれたり病気になった場合、男の独り暮しは厳しいものがあると思います。国民年金だけですと二十五年間掛け金を支払っても月五万円～六万円位で、その年金収入だけでは生活ができないのです。私の場合でも年金は年百三十万円位ですから、これだけでは生活できません。幸い私はサラリーマン生活約五年、コンサルタントファームも会社組織だったので約五年弱、計約十年間は所属した会社が加入している組織の年金（年百三十万円）もありましたので助かりましたが、国民年金だけだったら前述の月五～六万にしかなりません。私は会社を設立し、社長としては報酬ゼロからスタートしたのですが、その当時の幹部社員から、「私達は高い給料を貰っていますが、社長がゼロ報酬では気が引けていけません。どうか然るべき給与を取って下さい」と懇願されて、それならと五万円の月給にしましたが、その後、社労士さんが、「社長は国民年金に入っていて、健康保険も自腹で払っておられ、会社が入っている組織に加入して頂ければ大幅に掛け金が安くなるので、そう切り替えた方がよろしいのでは？」と提案してくれたので、「よしそうしよう」となったのですが、問い合わせをすると加入を拒否されたのです。「そんなに安い月給では保険料が取れず赤字になる」とのことでした。それなら「給与がいくらなら加入できるのか？」と問うと、月額二十五万円以上とのことで、私の給与を二十五万円にした経緯があります。しかし結局は「加入は面倒くさい」と、しませんでした。八十歳を過ぎると、コンサルの収入は減り、今の八十六歳で最後のクライアントからも手を引きますので、残る収入は年金と会長の給料だけになります。経済面では晩年の生活費は給料頼みになります。その点では大変助かり良かったと思っています。コンサルタントは一匹狼の仕事で、若い時は夢中で働き、思い切り羽を伸ばしたものですが、七十代から終活を始め、クライアントからのリタイアを始めました。十年以上もかけてようやく全クライアントからリタイアして、淋しくなりました。私のモットーの一つに「生涯現役」というのがありますが、この意味は、仕事ではなく、「死ぬまで元気で、自分のことは自分でできて、他人の世話にならずに迷惑をかけない」ということなのですが、もしかしたら家内のお世話になるかも知れないと思っています。女房は、本当は血筋のつながっていない他人なのですが、それ以上の存在ですからまあいいでしょう。

そんな訳でホロンシステムのお陰で、経済的には充分な生活費を給与として頂いています。これは私の人生を支えてくれた大事な会社で、感謝、感謝の気持ちです。

8　追憶の記

私は未熟児で生まれ、十九年間は家族と一緒に過ごし、そして大学で初めての独り暮しの生活となり、一年は宇治分校で過ごし、三年間は吉田本校で学びました。卒業後はサラリーマンとなり四年半の社会人生活を送りました。今までの人生の内、最も華やいで楽しく、人間的成長を果たしたのは大学時代だと思っています。人格の大まかな輪郭ができたのも、この四年間の充実した大学生活が土台になったと考えられます。正に青春真っ盛りで心が解放され、軽やかに人生を謳歌していました。そして、当時の様子を思い出しながら筆を進めると、書き上がった後から今まで忘れていた出来事を色々と思い出して、「あ〜っ、あれも、これも記述したかった」との思いが強くなったケースが多々ありました。その中から四つ選んで追記したいと思います。

(1) 女優の嵯峨三智子さんとバッタリ出会う

或る日、クラスメイトの吉岡君の下宿で麻雀を打ち夜中の十二時近くに終了しました。吉岡君の下宿先は銀閣寺の近くで大きなお屋敷の中に家主さんの邸宅があり、他に一軒家が三軒、学生の下宿向きの今なら1DK並の下宿が四つ程建っていました。その一軒家の一つに女優の嵯峨三智子さんが住んでいたのです。

当時は「黒川弥太郎」との恋が噂になっていました。吉岡君と同じ学生用の一軒に入居していた他大学の学生さんが、嵯峨三智子さん宅にイタズラ電話をかけ、「黒川弥太郎ですが」と名乗り、叱られてガチャンと電話が切られた等の話を聞いていたので住んでいることは知っていたのですが。吉岡君と門の方へ歩きながらラーメンでも食べに行くかと話していた時、嵯峨三智子さんが用心棒の三ちゃんと一緒に帰ってきてバッタリと門の所で出会ったのです。ほんの三十秒位でしょうか、三ちゃんと吉岡君は顔見知りのようで二言三言話していました。側にいた私は彼女と面と向かい合いました。門灯のぼんやりした光の中でも彼女は全身からオーラを発していて、妖艶な色気のある、今まで見たこともない美人でした。何故かこの女《ひと》は男をダメにするタイプの女《ひと》だと瞬間的に感じると同時に、雷が身体の中を突き抜けたようなショックを感じたものです。彼女が二十三歳、私が二十一歳の時でした。それから約一カ月後位だったと思いますが、朝の七時に吉岡君が私の下宿に駆け込んできて、「小林、大変だ〝森美樹〟が自殺した！」と未だ眠っていた私を揺り起こしました。

嵯峨三智子さんの恋人だった弥太郎の次の恋人が「森美樹」という二十六歳の美男俳優で、映画で共演し、恋に落ちて彼女に振られたのではと吉岡君と噂をしました。発表はガス中毒死でした。本当なのかと疑問を感じた事件でした。

母の山田五十鈴さんも結婚四回と恋多き女《ひと》でしたが、娘の嵯峨三智子さんも同じく恋多き女《ひと》で、晩年は薬物中毒、金銭トラブル、失踪等々で不幸な人生となり、タイのバンコクでクモ膜下出血で五十七歳で客死しました。

(2) 京都の歌声喫茶「炎」で坂本九ちゃんとの出会い

読者の皆さん、「坂本九」（通称きゅうちゃん）という一世を風靡した歌手をご存知でしょうか？　彼はＪＡＬの墜落事故でたった四十三歳で帰らぬ人となりました。

私が大学二回生の初め頃と思いますが、こんな噂話を聞いたのです。

「今祇園の近くにある歌声喫茶店が大流行りだよ。今までにない新しい趣向を凝らした喫茶店だ。階段式の円形の客席で、まあ七十～八十人は座れる席がある。十九歳の若い子が歌っているが、これが素晴らしい声で人気上昇中だ、その男の子は『坂本九』という名前のようだ」

その時は、何か面白そうだと好奇心も少しあり、覗いてみるかと軽い気持でお店に入ったのです。店はほぼ満席でした。店の演出の流れは、まず九ちゃんの独唱で始まり、それが数曲終わると、お客さん全員と一緒に九ちゃんとの合唱となります。誰もが知っている歌が選曲されていました。童謡や唱歌も含まれていたと思います。九ちゃんの声は太くて広く響き、しかも澄んだ高音の声で、女性歌手のように絞られた鋭いソプラノの声とは全く違う声の印象でした。凄いなと強く印象付けられました。全員の合唱が終わると、次はお客さんの中から歌いたい人はどうぞとなります。

その時、どんなはずみか「ハイ」と手を挙げていたのです。

「ハイどうぞ、こちらへ」と案内されて舞台に上ったものの、「さて困った」となりましたが、「まあいいか」と気持ちを切り替え、「『琵琶湖周航の歌』、一番と二番をお願いします」と言っていました。

歌の歌詞は次の通りです。

「琵琶湖周航の歌」

（一番）
われは湖《うみ》の子 さすらいの
旅にしあれば しみじみと
昇る狭霧《さぎり》や さざなみの
滋賀の都よ いざさらば

（二番）
松は緑に 砂白き
雄松が里の 乙女子は
赤い椿の　森蔭に
はかない恋に　泣くとかや

司会進行係の九ちゃんが、京都大学の学生さんが「琵琶湖周航の歌」を歌って下さるそうですと場内にアナウンスしました。当時は今の大学生と違い、学生全員が学生服で襟章には「京大」と学部を表すローマ字の襟章を付けていました。ですから素性は直ぐにバレてしまいます。京都の人達は学生には寛大で、温かく接して頂きありがたかった思い出が多い四年間でした。さて歌い終わって一礼すると、万来の拍手喝采の中、九ちゃんと握手をして引き上げた記憶が残っています。

「上を向いて歩こう」　作詞：永六輔　作曲：中村八大

上を向いて歩こう
涙がこぼれないように
思い出す　春の日
一人ぽっちの夜

幸せは雲の上に
幸せは空の上に

上を向いて歩こう
にじんだ星をかぞえて
思い出す　夏の日
一人ぽっちの夜

上を向いて歩こう
涙がこぼれないように
泣きながら歩く
一人ぽっちの夜

九ちゃんは当時十九歳、デビューする一年前の全く無名の頃でした。一年後にデビューして売れっ子になり、あの名曲「上を向いて歩こう」が大ヒットとなります。

これは世界中で話題となり、イギリス、フランス、アメリカでも大ヒットしました。特にアメリカでは「スキヤキ」と題した九ちゃんの歌声が評判になったようです。「スキヤキ」は「上を向いて歩こう」を英語にするのが難しく、レコード会社の社長さんが来日した時に食べたスキヤキが大変美味で、これにしようということになったという説もあるようです。九ちゃんが笑顔で、「♪上を向いて歩こう〜」と歌い出すと、足取りも軽やかに自分も走り出したい気分になる、人を元気づける歌でした。

時は移り、あの忌わしい事件が起こったのは一九八五年（昭和六十年）八月十二日でした。九ちゃんが乗ったJAL123便ジャンボ機が羽田を飛び立ち大阪伊丹空港着の予定でしたが、飛行機が故障して群馬県の御巣鷹山に激突し機体は四方八方に散乱、乗客五百二十四人の内生存者は四名、死者は五百二十人の大惨事となったのです。当日、九ちゃんは飛行機には乗りたくないと呟いていたそうですが、翌日は元マネージャーの選挙事務所開きがあり、この便に乗ったそうです。元々ANAを利用することが好きで他の飛行機には乗らないのですが、当日はどうもANAが何かの理由で欠航となったようで、JAL機に乗ったようです。「今日は飛行機は乗りたくない」と朝に呟いていたのは、何か不吉な予感を感じたのでしょうか。私は九ちゃんが乗っていたとは露知らずでしたので、その驚きと悲しみは深く大きいものでした。何とも忌わしい事故でした。

(3) 祇園会館のダンスホールで舞子さんと踊る

一回生を過ごした宇治分校は延々と続く茶畑が眺められる田舎の町で、ゆったり、ゆっくり、のびのびとした田舎暮しの一年でした。そんな環境の中、一回生だけが千五百人も集まっていたのです。ですから友人をつくるには適していました。私は前述の如く、大学生活の目標の第一番に、「各学部に一名以上の友人、知人をつくる」ことにしていました。一年間の内に友人、知人はどんどん増えていきました。宇治は田舎町でしたが、名物が三つありました。

一つは「闇夜の奇祭」とも言われている「県祭り《あがたまつ》」です。毎年六月五日の深夜二十三時から二十五時まで明りを消して暗闇の中、梵天という神輿《みこし》を男達が担ぎ、ゆすったり回したりする「ぶんまわし」は必見です。実は友人から「一緒に祭りに参加しないか?」と誘われたのですが、前述の通り大学の学部対抗ボートレースがあり参加できなかったのです。後で友人に聞くと、「面白かったが疲れた」と言っていました。何でも宇治川に多くの人と一緒に飛び込んで暗闇の中を泳いで寒くなり、溺れそうになったと苦笑していました。「おまえはアホや」と言うと、「ほんまや」と言葉を返し、それから戦前には祭りの暗夜に乗じて「夜這い《よば》」が横行し、見知らぬ男女が交わり、できた子供は神からの授かりとして大事に育てられたそうで、「種貰い祭り」とも言われていたそうだと教えてくれました。

二つ目は「平等院鳳凰堂」でしょう。建物の美しさは群を抜いており、極楽浄土をイメージして平安時代に建造されたものです。学生時代に四回程、今までに十回位は参拝しています。

三つ目は「黄檗宗大本山萬福寺」です。中国の禅師・隠元《いんげん》により開創されました。禅宗は臨済宗、曹洞宗、黄檗宗の三つに分類されています。以上、「県祭り」以外の二つの寺院が心を癒してくれました。

さて四月になり大学が始まると、京の中心地河原町によく出かけるようになり、こんな噂話を小耳に挟んだのです。「祇園会館のダンスホールに時々舞子さんが来て踊っているそうだ」と。「ヘエーッそうなのか」と聞き流していましたが、下宿に帰って休んでいる内に、一度ダンスホールを覗いてみるかと興味が湧いてきました。或る日フラッとダンスホールに入ってみると、お客さんは中年の男性が多く、若い人も何人か立ちん坊でいました。半分以上の方がパートナー付きで、女性同士の方もちらほらといました。肝心のお目当てだった舞子さんは見当たらず、今日はダメだと早々に諦め帰宅しました。

日を改めて別の日にもう一度覗いてみました。今日会えなければこの賭けは終わりにしようと思っていました。確か夜の八時頃に入ったのですが、女性同士で踊っている若いカップルがいました。Gパンを穿いてポックリ下駄で踊っていたので舞子さんに違いないと思いました。しばらく見ていましたが、なかなかの踊り手だなと思いました。一息ついた頃を見計らって、「お願いできますか?」と手を差し出すと、顔をチラッと見て手を握ってくれました。最初の曲はワルツでしたのでゆっくりと胸を張って踊りました。次はジルバでした。私は前述したようにスキー部の部活費用を得るためにダンスパーティの企画に参加して、クラスメイトにダンスを覚えさせてパー券を買ってもらった経験があり、そのアフターサービスとしてクラスメイトの踊りを少しでも上達させるべく下宿をレッスン場にして、女性のステップを私が、クラスメイトが男性のステップを踏むことをやっていましたので踊りは多少自信があり、ジルバは最も得意な踊りでした。バリエーションも二、三ありでしたので、舞子さんと楽しく踊りながらバリエーションを繰り出しても軽がると付いてきて、私より上手だと思った位です。踊りながら話を聞くと、朝から踊りの稽古や長唄、三味線の練習、礼儀作法の勉強と、休む間もない程覚えることが山積でストレスも溜まって大変で、「おかあさん」（置家の女将《おかみ》さん）の許可を得て、時々後輩と踊りに来るのだそうです。「お客さんから『お願いします』と言われたらどうするのですか？」と尋ねると、「全て『ごめんなさい』と断ります」と言うので、「私とはどうして踊ったの？」と聞くと、「う～ん」と笑って、「お兄さんは京大の学生さんでっしゃろう。人畜無害とおかあさんが言っていました。他の人はダメだが素性の知れた京大の学生さんなら危険はないからいいよと言われています。しかしそんな人は見えない（来ない）だろう、とおかあさんは言ってはった」とのことでした。ここでも京大のバッチが絶大な信用をもたらしました。十九歳と十七歳の舞子さんでした。

一時間位交替で二人と踊って帰宅しました。そして「今日で終わりにしろ」と心の自動制御装置が囁くままに、「淡く楽しい思い出にしよう。深く関わると心が取り込まれそうだ」と自戒しながら、それ以降ダンスホールを訪れることはありませんでしたが、今でも淡く懐かしい思いが微かに残っています。

(4) 財布を拾ってくれた舞子さん

大学二回生の初冬の頃と思いますが、東京のおばあちゃんが京都の叔母さんの家に泊まりに来ていました。おばあちゃんは私の母の母で、京都の叔母さんは母の妹ですので娘の家ということです。京都の南座の顔見世興行を見物する為でした。私も叔母の家に行って久し振りにおばあちゃんと食事を一緒にしたり、近況を伝えたりしていました。叔母には中学生のお兄ちゃんと小学生の妹がいて、私のことを「お兄ちゃん、お兄ちゃん」と呼んで懐いてくれていました。時々一緒に出かけたり、たまたま巡業に来ていた大相撲を見に連れて行ったりしていました。妹が初代朝潮の大ファンでした。そんな時叔母さんから、「南座までおばあちゃんをタクシーで送って行って」と頼まれたので、「ハイ、いいですよ。十三時開演ですから十二時半に到着でいいですね」と念を押し、私が責任を持って送りますと、タクシーを拾って南座で降りました。入口まで案内し、私は少しブラブラしながら川端通りや宮川町、花見小路のお店などを覗きながら一時間位ぶらつき帰宅しました。

そして、ズボンのポケットに財布がないことに気付いたのです。どこで落としたのか？　タクシーの料金を支払ってズボンのポケットに財布を突っ込んだのを覚えていましたから落とすはずはない、ブラブラ歩いた時も財布を取り出したことはない、そう思い、何が起こったのか分からなくなりました。五百円位のお金と学生証が入っていました。お金はさておき、学生証は大切な物ですから困ったなと思いましたが、学生証には住所、下宿の電話番号が記載してあるので、落としたなら誰かが拾って連絡があるのではと一縷の望みがありました。

翌日下宿の小母さんには何も言わずに大学に行き、昼過ぎに三人の友人と一緒に大学から戻りました。四人で勉強する為でした。小母さんと顔が合うやいなや、「小林さん、財布を落としたんじゃないの？　祇園の『イロハ』という旅館から電話がきて、取りに来て下さいと言っていたから。拾ってくれたのは舞子さんだそうだよ、それにあなた祇園で遊んでいるの？」ときつい口調で言ってきたので、「小母さん、私は学生ですよ、祇園で遊ぶ金などありませんよ」と言い返しました。「そうだよね」と、早とちりをした自分の間違いに気付いた小母さんがテレ臭そうに苦笑していました。私のことを心配してくれて、慌てた小母さんにありがたく感謝したものです。「よし今日は勉強を止め、祇園に財布を貰いに行くぞ」と言ったら、友人も「俺達も行くよ。京都にいるのに舞子さんも見たことがないじゃ、話にならないからいいチャンスだ」と大乗り気になったのです。祇園への途中、別の友人二人に出会い、「どこへ行くんだ？」と聞かれ、これこれ、しかじかと話すと、「俺達も行くわ」という訳で、六人で祇園にある有名な一力茶屋近くの旅館「イロハ」へ出向いたのです。

入口でこんにちはと声をかけると、出てきたのは俗に言うやり手婆と思われる老女でした。「うちの舞子さんが南座近くで拾ったそうですが、中にお金は入っていなかったとのことでした。

学生証が入っていたので連絡ができてよかった。大勢さんでご苦労さんでした」と財布を渡されました。「拾って頂いた舞子さんはおいでですか？」と尋ねると、「今ちょっと外出していて不在です」との返事でしたので、「ありがとうございましたと伝えて下さい」と頭を深々と下げて引き取りました。皆には舞子さんに会えるぞと大きな期待を持ってもらったのに、結果は大きな失望をもたらし、ごめんねと謝りました。「人生なんてこんなものだろう」と思いました。

しかしこの時は、私が舞子さんにダンスホールで踊ったことがあることは誰にも内緒にしていました。もう六十五年も前のことですが、今でも苦笑して当時を思い出すことがあります。

そんなことでその年も終わり、春になった頃です。祇園会館の近くに新しくサロン風のお店が開店して賑やかに繁盛しているとの噂を聞き、好奇心が募り「覗いてみるか」となりました。或る日の夕方、七時頃にフラッと覗いてみました。大変照明が明るく、テーブルも四〜五人用、二人用等々と整然と並べてあり内装も素敵でした。サロンのような店でした。中へ入るとボーイさんが席に案内してくれ、料金のシステムを教えてくれました。それによると、「ビール中瓶一本とサラダがお通しで計五百円、後でボーイが料理の注文取りに伺います。女の子の指名もできます」とのことでした。そして、「いらっしゃい」と声をかけて女の子が前に座りました。ビールをついでくれたり、話をしたりして五分もすると、女の子が、「私ちょっと他のお客さんの所へ行ってお酒と食べ物を持ってくるから、十五分か二十分待っててね。途中ボーイが注文取りに来るけど注文しちゃダメだよ、高くなるから」と言ってよそに行ってしまいました。

独りきりにされ、ポツンとしているとボーイが注文を取りに来ました。何か注文しないと悪い気がして一番安いメニューを注文しました。二十分程過ぎて彼女が戻ってきて、テーブルを見るや「あんた注文したの？　ダメじゃない、あれ程注文してはダメよと言ったのに」と叱られました。料理とビールを抱えて戻ってきたのには驚きました。「それどうしたの？」と聞くと、「お客さんから貰ったの。だってあなたは京大の学生さんでしょ？　お金ないよね。今日は私がごちそうしてあげる」と言われ、又もや京大のバッチが利いて思ってもいなかった展開になりました。

陽気でオチャメな彼女にサービスされ、ビールを呑みました。私より一つか二つ年上の女性に接待みたいなサービスをされている訳ですから、何とも言えない不思議な気分になりました。話していると楽しい女《ひと》で、次第に彼女のペースに嵌まってしまいました。後にも先にもお酒を呑みに行って女性からこんな扱いをされるなどありませんでした。心の自動制御装置が「もう止めろ、深みに嵌まると危ない」と囁くので、彼女に指名の呼び出しがかかったのを機に帰りました。そして二度と訪れませんでした。でも心には深く残っていて、時々思い出しては苦笑していました。記憶は薄くなりましたが、この年になっても密かに思い出しては懐かしく、良き青春だったと楽しんでいます。

#【第二部】株式会社ホロンシステム編

目次

郵便はがき

料金受取人払郵便

新宿局承認

2524

差出有効期間
2025年3月
31日まで
(切手不要)

160-8791

141

東京都新宿区新宿1－10－1

(株)文芸社

愛読者カード係 行

お名前《ふりがな》		明治 大正 昭和 平成	年生 歳	
ご住所《ふりがな》	□□□-□□□□		性別 男・女	
お電話番号	(書籍ご注文の際に必要です)	ご職業		
E-mail				
ご購読雑誌(複数可)		ご購読新聞	新聞	

最近読んでおもしろかった本や今後、とりあげてほしいテーマをお教えください。

ご自分の研究成果や経験、お考え等を出版してみたいというお気持ちはありますか。

ある　ない　内容・テーマ(　)

現在完成した作品をお持ちですか。

ある　ない　ジャンル・原稿量(　)

名			
買上店	都道府県　　市区郡	書店名	書店
		ご購入日	年　月　日

書をどこでお知りになりましたか?

1.書店店頭　2.知人にすすめられて　3.インターネット(サイト名　　)

4.DMハガキ　5.広告、記事を見て(新聞、雑誌名　　)

の質問に関連して、ご購入の決め手となったのは?

1.タイトル　2.著者　3.内容　4.カバーデザイン　5.帯

その他ご自由にお書きください。

(　　)

書についてのご意見、ご感想をお聞かせください。

内容について

カバー、タイトル、帯について

弊社Webサイトからもご意見、ご感想をお寄せいただけます。

協力ありがとうございました。

お寄せいただいたご意見、ご感想は新聞広告等で匿名にて使わせていただくことがあります。

お客様の個人情報は、小社からの連絡のみに使用します。社外に提供することは一切ありません。

第3章　新たな挑戦

第1章　創業期の試練を乗り越える

一九八八年（昭和六十三年）五月二十三日、株式会社ホロンシステムが資本金二千万円で福井市に誕生しました。社長は小林正博、社員は小林以下、十二人でした。福井市大宮にある西陣ビルの一室を借りてのスタートでした。

本社は福井市ですが、同時に大阪にも事務所を設け、武川俊一が責任者として赴任するという構成でした。大阪の事務所は、小林の知人が主宰していた道修町にある「日本経営振興センター」（研修教育の講師派遣、教育企画が主業務）の事務所に机を一つ置かせてもらい、月五万円の家賃でスタートしました。こうして、当時急成長を遂げていた「ビジネス系ソフトウェアハウス」としての産声を上げたのです。

1　好調なスタートを切る

(1) 開業前夜の一コマ

その日は昼下がりから天気が急変し、夕方になるとみぞれ交じりの北風が吹き、冷たい雨滴が顔を打ち付けて痛い程寒い夜となりました。北陸は、「弁当忘れても傘を忘れるな」という諺がある程、冬の天気は短時間に変化する土地柄です。一九八七年（昭和六十二年）十二月の年の瀬も迫った寒い日でした。夕方から三人の若者が福井市の外れの古いビルの一室で何やら侃々諤々《かんかんがくがく》の熱い討議を繰り返していました。外の寒気を吹き飛ばす勢いで、暑がりの酒井公男（三十七歳）は背広を脱ぎ捨てワイシャツ姿で論陣を張っていました。三人はいずれも地元のコンピュータ会社の中堅社員で浅地（三十八歳）、武川（三十八歳）酒井（三十七歳）のメンバーでした。これから創業する会社のルールづくりに熱い討論を重ねていたのです。窓を打つ北風の冷たい空気を吹き飛ばす程、室内は熱気でムンムンとしていました。

一時間程遅れて、トレードマークのトレンチコートに身を包んだ男が、みぞれに打たれずぶ濡れ状態で部屋に入ってきました。「いやーっ、寒いねーっ。今夜の天気は最悪だよ。嵐の前触れみたいだ」と笑いながらコートの雨と雪を振り払って三人に快活に話しかけました。誰あろう小林正博（五十歳）、新会社の社長にお願いした人でした。

小林は当時新進気鋭の経営コンサルタントとして、北は北海道から南は沖縄、遠くは韓国や台湾まで足を延ばし走り回っていました。福井では地元の有力企業の監査役兼経営コンサルタントとして三十歳から経営に参画し、重きを成していました。当時、何度か研修の講師を務めていて、彼等三人とは顔見知りの仲でした。いわば、小林は先生で三人は生徒だった訳です。そんな関係で、新しい会社づくりに全くその辺の知識と経験のない三人のアドバイス役を頼まれ、時々会合に顔を出していたのです。その日は、会社の骨格となる就業規則、賃金規定、退職金規定、慶弔規定等々、いくつかの規定の最終チェックを協議決定することになっていたのです。

(2) 当時の業界動向

当社が創業する二十年程前の一九六〇年代後半は、電子計算機とは大型コンピュータのことであり、極めて高価であったため、企業が自前で保有することは稀でした。このため、富士通、日立製作所、NEC、東芝といった国内大手コンピュータメーカーは、地元企業の出資を仰ぎ、日本各地に系列の計算センターを設立し、企業の給与計算、会計処理の代行業務を受託していました。

一九六八年(昭和四十三年)、福井市に設立された株式会社「福井共同電子計算センター」もその一つで、福井市の財界の肝煎りで設立され、株主は商工会議所の会員企業が主体であり、多くの会社が給与計算を委託していました。実質の経営は、専務・常務二人の手に任されていました。後に当社の創業に馳せ参じることになる浅地定則、武川俊一、酒井公男も、若手中堅社員として同社で活躍していました。

(3) 新会社起業の強い気持ちの高ぶり

八十年代を迎える前後から、〝ハードウェア優先、ソフトウェアはいわば付録〟というこれまでの価値観が米国で変化し始めました。実質的な「PC時代の先駆け」となったアップルコンピュータ社が設立されたのが一九七六年（昭和五十一年）で、翌年には専門技術者でない一般個人でも簡単に操作できる「アップルⅡ」が発売され、以降爆発的な販売を記録していくことになりました。そして、マイクロソフト社が設立されたのは一九七五年（昭和五十年）のこと。ダウンサイジングとこれに対応するソフトウェアへの膨大な需要という流れが顕在化してきました。

その波は、程なく日本にもじわじわと押し寄せてきました。中堅システムエンジニアであった酒井公男は、大型コンピュータから各企業でも所有可能なオフィスコンピュータへの技術革新が進む中、計算センター業務の先行きに懸念を抱くと同時に、「これからはソフトの時代」と実感したそうです。そして専務、常務の経営に疑問を感じるようになり、「このままで大丈夫か？」と、自分達の将来に強い不安を感じていました。そんなことが重なり、新しい会社をつくり、自分達の理想とする経営を実践したいという気持ちが抑えきれなくなっていました。スピンアウトするより、今の会社で改革を図ることも考えましたが、次長職という立場では上に部長が数人おり、専務、常務が君臨している状況では発言権もなく、次第に「改革は無理」との判断に傾いていったようです。その間、身近な小林に機を見て色々と悩みや不平不満をぶちまけていましたが、内部事情をよく知る小林も彼等の気持ちを理解し、色々とアドバイスするようになったのでした。

⑷ 新会社立上げの決意

入社時期はバラバラでしたが、浅地、武川、酒井は同世代で同じ次長職ということもあり、三人共新会社設立という一点では同じ考えで、やがて三人が協議を重ねるにつれ、「社内改革よりも新会社設立の方が新しい未来が開ける」という考えになったようです。

実際、一九八一年（昭和五十六年）には、石川島播磨重工業のコンピュータ部門から技術者が「集団脱藩」（当時のメディアの表現）し、ソフトウェア開発会社の「コスモ・エイティ」を設立したことが大きなニュースになるなど、「ソフトウェアハウス」というビジネス概念が生まれ始めていました。

彼ら三人は、結果的には独立して、「ビジネス系ソフトウェアハウス」の事業展開という新たなビジネスモデルを基にした会社創立を決意したのでした。

後で聞いたことですが、参加した社員の何人かは、奥さんから「本当に毎月給料が頂けるんですか？」と詰問されたと聞き、苦笑をせざるを得ませんでした。奥さんにしてみれば至極もっともなことであり、ちゃんと生活できるのかが第一だったのです。ですから参加してくれた社員は〝勇気ある戦士〟と感謝し、絶対に会社を潰す訳にはいかないと、深くその言葉を胸に刻んだのでした。

しかし、彼らのコンピュータ技術者としてのキャリア蓄積はともかく、企業運営に関するノウハウはほとんどゼロに近く、また、会社設立資金の不足という大問題がありました。ここで注目したのが、コンサルティングを通じて教えを請うていた小林正博でした。

(5) 熟慮断行の上、社長を引き受ける

金もないノウハウもない。だから私は、出資と社長就任をとの彼らの申し出に対し、ちょっと驚きました。私は当時、今もそれは変わりませんが、「経営コンサルタントの使命は理論と実践の橋渡し役である」と考えていました。前の会社で実験済みの成功例を理論化し、それをまた次の会社で実践して理論をより精緻なものにしていくことに、強い関心と興味を持っていました。ですから私の著書は、全て実験済みの成功例や失敗例を基にまとめてあります。そんな訳で、自分で会社を経営することなど夢にも考えたことがありませんでした。

(6) 社名の決定

新しい会社の社名を決めるのはなかなか難しいことでした。あれこれ考え、どれがいいか迷ってしまいました。当時、「ホロニック・カンパニー」という言葉が流行していました。これは「組織としてまとまりながら個人の存在も大切にする経営をすべき」という考え方で、時代

の流れにも合い、斬新な響きを持って経営者の間で話題になりました。私自身もこれからの経営は社員個人の個性を活かし、同時に組織全体がしっかりとまとまった強さを持つ経営を目指すべきと考えていました。丁度大阪城の石垣のように、大小様々な石ががっちりと組み上げられ堅固な石垣を造っているような組織を創り上げたいと考え、ギリシャ語のホロス（全体）とオン（個）の合成語である「ホロン」を取って、「ホロンシステム」と命名しました。

(7) 重たい携帯電話

小林正博は〝非常勤社長〟としてコンサルティング、講演、著作で全国を走り回りながら、必要に応じ当時普及し始めたショルダー型の大型携帯電話を使って遠隔地から指示。会社の日常業務は、浅地が本社の開発、武川が大阪の営業、酒井が本社の管理部と分担して進めていきました。

この携帯電話が曲者《くせもの》でした。重量が一キロもある代物で、タテ二十五センチ、ヨコ八センチ、奥行五センチ位あり、替えの電池が二本付きで、これをNTTから借りるのですが、保証金が十万円必要でした。当時は大変珍しく、これを肩にかけてコンサル先の会社に行くと社員が寄ってきて、「先生見せて下さい」と興味津々でした。或る時、関係先の会社で幹部社員を集めて話をしたのですが、スイッチを切るのを忘れていて電話が鳴り出しました。慌てて「失礼！」と言ってスイッチを切ろうとしたら、社長が「そのまま電話をして下さい」と声をかけてきました。そんな具合に当時は携帯電話が珍しかったのです。電話はしょっちゅうかかってきて、色々なことの指示を求められました。

主に管理部長の酒井君が、細かいことまで指示を求めてきました。「そんなこといちいち指示を仰がなくとも自分の判断で決めろ。結果が悪ければ怒るだけだ」と突き放し、彼の判断力を高めるようにしました。二年、三年と経つ内に電話はめっきり減りました。今度は心配になり、「何か変わったことはないか?」と、こちらから電話をするようになりました。とにかく重い携帯電話で、一日持ち歩いていると肩が凝って時々マッサージに行ったものです。

この時点までの日本経済は、後に〝バブル景気〟とまで称される好景気の真っただ中にありました。しかもコンピュータ業界は、一九八〇年代中盤から始まった銀行の第三次オンラインシステム構築という大プロジェクトが進行していたこともあり、ソフトウェア技術者は慢性的な供給不足状態でした。さらに、大型コンピュータに加えて企業や事業体も所有できるオフィスコンピュータが普及を始めたところで、ユーザー別プログラム開発の需要は増える一方。正に〝仕事がソフトウェア技術者を待っている〟という状況にありました。

当社は無名の新興企業でしたが、創業メンバーを見れば、計算センターでの実績と実力を併せ持ったソフト開発の技術者達でした。当時の潮流に乗ったソフトウェアハウスを立ち上げたことに企業の理解が集まり、営業努力もあって順調に受注を獲得していきました。

2　好調な滑り出しとピンチ

株式会社「ホロンシステム」は、小林正博社長の下、一九八八年（昭和六十三年）五月二十三日のスタートとなりました。

本社所在地は、福井市大宮一丁目の西陣ビルの一室。新しいビルなのに家賃が安いという理由で決めました。広さ四十坪、家賃月額十万円で、フロアにあるのはレンタル業者から借りた折り畳み机とホワイトボード。机の上には電話機が一台置かれているだけで、一台のパソコンもありませんでした。客先にあるコンピュータを利用するため、自社には紙と机があれば事業が可能という、当時のソフトウェアハウスを象徴する出発風景でした。

(1) 売上から三%を天引き積立預金でリスクヘッジ

不測の事態に備え、スタート時に売上高の三%を売上回収金から天引きして銀行の別口座で預金をするように指示しました。当時、管理部長だった酒井君は、「創立したばかりの会社で三%はきついので一%にしてもらえませんか？」と主張するので、そこは妥協して一年だけは一%、二年目以降は三%を積み立てるということにしました。

(2) 運転資金の不足を予見

会社をスタートさせる前に創業時のリスクは何かと考え、一つは資金繰りの強化、先手先手で対応するということで、前述の通り売上から三%の天引き積立預金と三カ月先までの資金繰りを先に先にとチェックし対応すること。たとえ赤字でも資金さえつなげれば会社は倒産しませんから。もう一つは誰を客先とするか。地元の企業対象か、大手の下で下請け的な仕事をするかです。地元の企業ですと直取引ですから利益率は高いが、北陸三県の企業の内、当時の福井県は上場企業が七社しかなく、マーケットは小さいものでした。それに比べ大手企業の下請けですと利益率は低いが、開発に失敗してもその責任は直接契約した大手の責任となり、下請けが負担する責任は軽くなります。

直取引でもし失敗したら、企業存亡のピンチに晒されます。どちらを選ぶかで先行の会社存続の成否が決まると思い、大きく羽ばたくにはまず下請けからと決断しました。二年目には、このビジネスは都会型ビジネスで、勝負の戦場は東京だと気付き、東京進出の基本的な考えがまとまったものです。

(3) マキタ電機の後藤社長に学ぶ

これはマキタ電機製作所（現・株式会社マキタ）の中興の祖、後藤十次郎社長から教わったことです。私が経営コンサルタント駆け出しの三十二歳頃にセミナーの講師としてよく後藤社長をお招きし、その世話係をしていました。或る時、二泊三日のセミナーで一緒に泊まり、お世話をしたことがあります。その折、後藤社長が赤字会社のマキタ電機に乗り込んで会社を再建した話を詳しくお聞きしたのです。

後藤社長は経理担当部長に五％の積み立てを要求されたそうです。部長は「こんな赤字会社で五％の積み立てなどできる訳がありません」と抵抗したそうです。そこで後藤社長は「部長、君の仕事は何だ？」と尋ねられたそうです。部長は「私の仕事は月次決算、支払い業務、資産管理、資金調達……」と答えたそうです。資金調達の声が出たところで、「そうか、そうだろう。君の仕事の一つは銀行で金を借りることだ。五％ができないなら、銀行で金を借りて積み立てをしろ」と厳命されたそうです。この積立金を後に新製品開発に使って成功したというお話でした。それに倣って三％をリスクヘッジとして積み立てることとしました。

この積立金があったので、銀行とのハードネゴシエーションを強気で行い、資金繰りはなんとかつなぎ止めることができました。終わってみれば積立金には一銭も手を付けずとなりました。苦しかったが、この体験が会社を強くしたと思います。会社が発展するのは不可能を可能にする能力だと言われていますが、この大変難しく不可能に近い状況を打破したことが大きな自信につながったように思います。酒井君は夜も眠れぬ日々が続いたことでしょう。今まで経験したことのない難しい仕事をしたのですから、本当にご苦労さんだったと思います。

(4) 大卒の定期採用スタート

創業翌年の一九八九年（平成元年）に大卒の定期採用を開始することになり、福井本社に五名、本社と同時に開設した大阪に三名の新卒を採用。受注も順調で、帝人システムテクノロジー（現・インフォコム）の関西事業所で、三星堂案件、日立物流ソフトウェアの日立製作所案件など、五千万円を超える大型案件を獲得していったのです。

何故新卒採用を中心にしたかですが、中途採用ですと即戦力として役に立ちますが、前職での経験が価値観の中心となり、考え方が我が社の方針と合わないケースがあり、結局また転職するという連鎖現象が生じ、一体感に傷がつき易いということです。その点新卒は、一から育てる訳で時間はかかりますが、会社の価値観にも適応し易く育て甲斐があるということです。じっくり育てて戦力にする。そして簡単には辞めない人物に仕立てることが目標です。いわゆる子飼いの社員比率を高くしたいということです。

(5) 創業時は社長報酬ゼロから

さて、社長の報酬をどうするかが三人の間で創業前に検討されていたようです。私が起業することを報告したある会社の社長さんは、私が尊敬する方でした。その方は私に、「社長としての報酬はきちんと高く取りなさい」とアドバイスして下さいました。私は「無報酬でしばらく様子を見ようかと思っています」と答えたところ、「それは良くない。社員が『社長は別収入があるから報酬ゼロで引き受けたそうだ』と、それが当たり前と誤解しがちになる」とアドバイスされました。それも一理あるとは思いましたが、今集まった人達はそれよりむしろ「無報酬でいいのか？」と考えるだろう。しかも「社長が無報酬で、なんとか経営できる程度しかできない会社では情けない。社長に高給を支払っても高い利益を上げる会社にするよう努力すべきだ」と考えると思ったので、スタート時は給与ゼロにしました。

三カ月も過ぎた頃三人が揃って、「社長の報酬を決めて下さい」と言ってきました。「私達はそれなりに高い給料を頂いているのに、社長が無報酬ではどうも申し訳がない気分が続いて仕方ありません」と訴えてきたのです。「よし分かった、それでは月五万円にしよう」と提案し、決めました。

また三〜四カ月程すると、社労士さんが、「社長さんは年金も健康保険も自分で支払っておられるが、会社が加入している組合に登録した方がかなり安くなるので、その手続きをされたら」と提案してきたらしく、そうしますかとの話がきました。「それはいいね、手続きを取ってもいいよ」と返事をしました。しばらくして組合から返事がきて、「五万円の安月給では加入できません。経費の方が高くつく」とのことでした。ではどの位の月給なら入れるのかと問い合わせたところ、最低二十五万円とのことで、ぜひ二十五万円の月給にして下さい、と担当者が言ってきました。「そんなら二十五万円にアップしてもらおうか」と答えましたが、手続はそのままにしておきました。手続きが面倒くさいし、会社の経費負担になるしなどと思い、結局そのままになりました。

3　スタート時のビジネスモデル

⑴ 東京で受注、福井で開発

「ホロンシステム」が福井で創業したのは次の理由からです。スタートは福井の人ばかりだったからというのが最も大きな理由です。それ以外に、福井は割と優秀な人材を採用できることがあげられます。全国の小学生学力テストでは常にトップをキープしていることでも分かります。しかも地元指向が強く、転勤で他地域へは出たがりません。そして最大のポイントは、東京や大阪で仕事を取り、福井で開発するというビジネスモデルが成立することでした。福井の人件費は都会に比べて安く、質の高い人材が採用でき、そのため品質良好、仕事が速いという極めて優れたビジネスモデルが可能だったのです。お客さんからはそれらが評価され、「ホロンの仕事は安く、速く、高品質」と評価され、それがまた次の受注へとつながっていき、ずっと営業部門のない会社でした。そんな訳で、我が社は創業から急成長を続けることができたのでした。

(2) 主戦場は東京だ

本社を福井市に置いての事業スタートでしたが、心の底には何かが足りないという思いが燻っていました。そんな時、何かのきっかけで閃いたのは、このビジネスモデルは都会型のビジネスで、田舎ではなく都会、そうだ東京が主戦場だという思いでした。

心が晴れやかになり、東京支店を出すことを決断致しました。一九八九年（平成元年）の秋です。早速東京での事務所探しに取りかかりました。大学の後輩からの紹介で神奈川県川崎市が運営する、第三セクターでインキュベーター（起業）支援目的のための期間限定ながら極めて低い賃借料でオフィスを提供する制度がありました。これに当社は「ソフトウェアリサイクル事業」の研究拠点として応募。抽選の結果、一九九〇年（平成二年）一月から入居が可能となりました。関西圏に続いて、関東圏進出の第一歩となった東京事業所の開設でした。

当初は福井本社からの出張ベースで対応していた東京の仕事ですが、一九九〇年（平成二年）四月からは、浅地定則を初代所長として本格的な活動を開始。当初五名体制でＪＲ東海、防衛庁などの仕事をこなしながら事業を拡大していきました。

福井の人達は前述の如く地元から離れるのを嫌がるのですが、この時は会社の勢いが強く、奥さんの反対を制止して勇んで東京勤務に応じてくれました。会社の中で最もできる人を最優先して、お客さんの確保を重視しました。

一九九一年（平成三年）度にかけ、旺盛なＩＴ投資需要から受注環境は良好に推移し、財務体質強化のため資本金を倍額増資しました。

(3) 資本金を四千万円に

会社を設立した当初から、将来上場したいと考えていました。上場のメリットは相当大きく、会社を一気に伸ばすチャンスに思えました。そこで、一九九一年（平成三年）に倍額増資をして財務体質の強化と、社員に株を持たせ働く意欲を引き出そうと考え、勤続三年以上の社員に呼びかけて希望者に株を持ってもらいました。しかし、その後の不況で株を手放したい社員が続出し、その大部分を私が引き受けこの企ては失敗しました。

その後、上場のメリットは色々な規制ができて減少し、また、内部統制の強化等で上場維持費が高騰し、あまりメリットがなくなり現在に至っています。しかし、事業承継を考えると、次の世代では上場しないと難しいと思っています。上場となると最低四億円位の経常利益が必要になりますからそう簡単にはできませんが、視野に入れた経営が必要になってきました。

以上のような状況変化を踏まえて、現在は事業承継の為、ＩＰＯ〈注〉の準備中です。

一九九二年（平成四年）四月の新卒の採用も、福井九名、大阪十四名、東京三名の二十六名

〈注〉【ＩＰＯ】＝会社の株式を一般の投資家に売り出すために、初めて株式市場に株式を公開すること。「新規株式公開」とも呼ばれる。

と、二〇一四年（平成二十六年）に至るまで最多数になっています。一九九一年（平成三年）度決算は、売上高七億九千百万円、経常利益三千二百万円と順調な増収増益を記録し、また、年度末の社員数は六十五名に達しました。

(4) ハワイ研修旅行

そして、創業からここまでの好調な事業ぶりを象徴する形で行われたのが、開業三年目に当たる一九九一年（平成三年）四月に挙行されたハワイ海外研修旅行です。家族も含め総勢約百名の役職員が、四泊五日の日程で鋭気養成を兼ねたハワイへの研修旅行を満喫し、役職員間の親睦を深めました。

このハワイ旅行は早くから考えていました。前年八月に勃発した湾岸戦争で、これはリスクが多過ぎると中止にしましたが、翌年三月には終戦となり、これなら大丈夫かなと考えたり、いやいや未だリスクが多いと考えたりと心は揺れました。そんな訳で、海外へ出かけていくのは安全が保証されない限り止めるべきとの考えが根強く、どうするか躊躇していました。

色々と情報収集している内に、ハワイならまず大丈夫との確信が得られたので踏み切りました。社員のご両親、奥様、子供達（三歳超）、フィアンセは実費で同行可としました。海外旅行は初めての社員も多く、大いに盛り上がりました。フィアンセを同伴し、ハワイで結婚式を挙げた社員が三人もいました。皆大変エンジョイし士気は大いに上がりました。こんなに喜んでくれ、本当にやって良かったと嬉しくもあり、ホッともしました。総勢約百人の旅行でしたが、事故もなく帰国できた時は安堵に胸をなで下ろしたものです。次はオーストラリアに行こうとみんなで約束したのですが、翌年からの大不況で、未だに約束が果たされていないのが気にかかっています。

4　不況への突入

(1) 資産インフレに抑制政策

一九九〇年（平成二年）に入ると、八十年代後半から過熱状態になった資産インフレに対処すべく、政策当局による土地関連融資の抑制（総量規制）が発動されました。この結果、一九九一年（平成三年）には、株式や土地価格が大幅に下落し、バブル経済崩壊の様相を呈してきました。

この時点まで、景気にかかわらず〝右肩上がり〟が続くとされていたコンピュータ業界も、顧客企業のＩＴ投資抑制という事態に直面せざるを得なくなりました。しかし、長期案件の受注残を多く抱えていた業界は、他人事のように思っていた節がありました。これまでは、「一つの開発プロジェクトが終わるのを次の仕事が待っている」という環境で事業が進んでいましたから。受注残の減少と共に新規開発案件が減少し、また案件を獲得しても極めて厳しい受注条件となりました。

この状況に追い打ちをかけることになったのが、一九八〇年代から進行していたコンピュータのダウンサイジング（小型化）という底流です。

(2) 日進月歩の技術進歩

メインフレーム〈注〉に始まったコンピュータは、日進月歩とも言える技術革新の結果、オフィスコンピュータ、ワークステーションへと小型化、低価格化が進みつつありました。八十年代後半にはパーソナルコンピュータ（パソコン）が着目され始め、九十年代に入ると Windows に代表されるＯＳの開発もあって爆発的な普及をもたらしました。

このハードウェアにおけるダウンサイジンクは、当社の主力事業であるソフトウェア開発にも多大な影響を与えています。メインフレーム、オフィスコンピュータの時代は、ハードウェアが高価であり、ソフトウェアも相応の対価を享受することが可能でした。ところが、オープンシステムと呼ばれるワークステーションやパソコン環境下においては、ハードウェアが安価なため、相対的にソフトウェアの価格も下落するというマーケット状況になってしまいました。また、パソコンへと向かうダウンサイジングの流れの中で受注を確保するには、オープンシステムに対応した言語や開発技術の習得が必須とされました。

こうして、好業績を謳歌していた受託開発中心のソフトウェア業界は一転、〝バブル崩壊による不況〟と〝ダウンサイジングによる受注減〟というダブルパンチに見舞われました。忘れもしませんが、一九九二年（平成四年）八月にダウンサイジンクという激流が底流から表へ飛び出し、業界を襲いました。そして業界は、国から構造不況業種に指定される厳しい状況になってしまいました。

(3) バブル崩壊とダウンサイジングの荒波

一九九一年（平成三年）三月にバブルが崩壊して、日本は大不況の時代に突入しました。しかし、ＩＴ業界は受注産業ですから受注残のある間は仕事があります。我が社も一九九二年（平成四年）四月の新卒は二十六名も採用しています。しかし、海の向こうのアメリカではダウンサイジングの荒波で大変だというニュースが一年程前から聞こえてきていました。私は、日本にも遅くて二年後にはこの荒波が押し寄せてくると考えていました。実際には一年後にやって来ました。そんなこともあり新卒の研修は従来のCOBOL〈注〉中心を止めてC言語〈注〉を中心に実施せ

〈注〉【メインフレーム】＝企業や政府などの組織で業務処理を行う大型コンピュータ。

〈注〉【COBOL】＝1959年（昭和34年）に事務処理用に開発されたプログラミング言語。

〈注〉【C言語】＝1972年（昭和47年）に開発された汎用プログラミング言語。

よと指示しました。

しかし途中で気付いたのですが、未だCOBOLの研修もやっていました。担当者に問い質すと、「現場の強い要請で、半分はCOBOLの研修をしています」ということでした。しかし、受注残が八カ月でゼロになると、もうCOBOLの仕事はなくなり、空き要員が出るという状況になってしまいました。

仕事はオフコンの場合の開発は一件当たり数千万円もしますが、パソコンでは一件当たり一千万円なら大きな案件で、数百万円とゼロが一つ減ったような案件ばかりです。すなわち多品種少量生産が主流となり、どうマネジメントしたらよいのかノウハウもなく、ロスの多い開発となってしまいました。それが、収益激減の要因になったのです。そこから苦難が続き、売上は四〇%以上も下落し、資金繰りが大変厳しくなりました。

(4) オフコンからパソコンへ

当時パソコンをいじっていた者は、社内では変わり者と見られていました。あんなオモチャみたいなもののどこが面白いのかと、多少馬鹿にした雰囲気があったことは否めません。社内でも「俺は絶対パソコンなどは使わない」と声高に宣言している社員もいた程でした。パソコンアレルギーとも言える状況が少なからずあったようです。

しかし、ダウンサイジングの大波に逆らうすべもなく、ユニックス〈注〉マシンの英語の操作マニユアルを、辞書を片手に勉強せざるを得なかったのです。そのため開発のスピードも遅く、一件当たりの金額も小さいため、数本同時並行的に開発に着手しなければなりませんでした。そして、進行状況の同時管理といったマネジメントの不慣れ等々で、収益はなかなか上がりませんでした。それでも皆必死で勉強し、短時間で学習効果を上げました。それまで多少馬鹿にされていたパソコンが趣味の社員が一躍表舞台に飛び出してきた訳ですから、社内の混乱は仕方がないことでしたが。社長としては複雑な思いでした。

当時、同業他社の数は七千社を超えていましたが、それが瞬く間に千社程、倒産、廃業、清算等々で消えてしまいました。当社の業績悪化も例外ではありませんでした。派遣先から戻ってきた技術者は、次の仕事がないため社内待機することになりました。人数に比して机が足りないといった状況となり、やむなく自宅待機も行われました。このため、一九九二年（平成四年）十一月には、公的助成金の申請を行うまでに至りました。この助成金は正に干天の慈雨でした。これで一息ついて次のエネルギーが湧き上がる気分になったものです。

それ以降、何度か助成金を申請し恩恵に与ることになりました。このような状況の中、創業五年目にして赤字決算に転落。翌一九九三年（平成五年）度も赤字が続く一方、同年度の売上

〈注〉【ユニックス】＝コンピュータ用のマルチタスク・マルチユーザーのオペレーティングシステムの一種。

高は、二年前の一九九一年（平成三年）度に比し、四二％の減収という厳しい決算を強いられました。

⑸ 役員の給与を減額するも、社員の給与遅配なし

バブル崩壊とダウンサイジングの二つの大波を受け、会社は赤字に転落しました。売上高が四二％もダウンしたのでは、どんなに頑張っても赤字決算は免れません。数年掛けての四二％ならまだしも、一挙に四二％ダウンですからたまりません。次期もまたこれ位ダウンするなら、秘かに倒産も覚悟しましたが、なんとしても倒産は回避しなければなりません。イザという時に備え個人的に資金を手当てしました。会社が未だ小さかったので個人の資金調達で済みましたが、今もし同じようなことが起これば、もう私個人の資金力ではカバーし切れないでしょう。全社員を集め、この深手は全治三年、とにかくじっと辛抱して頑張れば必ず次の展望が見えてくると激励しました。

実際この三年間は資金繰りが大変でした。役員の給与は減額に続く減額で、その内半年間は最高七五％もカットしました。その後、徐々に元に戻しました。皆貯金を取り崩したりして耐えてくれました。社員の給与カットはしませんでした。一度の遅配もなく支払うことができました。但し賞与だけはかなり下げ、暮れの一回だけは賞与が払えず、〝餅代〟として二十万円、十万円、五万円と三ランクに分けて支払いました。後日、業績が持ち直した時点で役員の減額

トータル分の半分は賞与に上積みして支払いました。三常務だけは賞与ではなく給与で支払い、これが後で税務署当局から指摘され、税金を徴収されるハメになりました。

既に東京に本社を移転しており、福井税務署の最後の調査で、福井から出張してきた係員二人が三日がかりの調査でした。その処理の印象が悪かったのでしょうか、麹町税務署への引継書では相当悪辣な会社と書かれたようです。多分、「給与の後払い」という当方の主張と、税務署の「賞与」だという主張が対立し、相当激しくやり合ったからだと思いますが、その後初めて麹町税務署の調査があり、三人の係員が乗り込んできました。何かあるとの先入観があったのでしょうか、一生懸命些細な事を念入りに調査していましたが、どれもきちんと処理されており、追加の税金を取るところはありませんでした。最後の講評では、引き継ぎで「相当いいかげんな会社との印象を持って訪問したが、きちんと処理されていて問題はありません」との評価でした。ちらっと洩らした言葉に、「福井税務署とは何かモメたんですか？　印象と実態が全く違うので拍子抜けです」というようなニュアンスの話が出て無事調査終了し、「きっちりと堅い経理です」とのお褒めの言葉をいただきました。それは当然だろうと思いましたが、口には出しませんでした。

この時期苦労したのが、資金繰りです。創業以来好調な受注環境に反映し大量の新人採用を行ってきましたが、売上低迷により資金繰りが苦しくなってきました。創業間もない赤字会社に銀行は金を貸しません。「天気の良い時傘を貸し、雨が降ったら取り上げる、そうそれが銀行だ」という俗言の通りです。

5　ダウンサイジングへの対応

(1) マルチベンダーの時代となる

ダウンサイジングの波は、年を追うごとに激しくなっていきました。オフィスコンピュータやワークステーション主流の時期は短期間で通り過ぎ、汎用OS・Windowsを搭載したパソコンが主流の時代に入っていきました。

〝特定メーカー抱え込みの時代〟をマルチベンダーの時代へと変えたダウンサイジングの波は、当社の経営・営業方針に多大な影響を与えただけでなく、ソフト技術の現場へも大きな変化をもたらすことになりました。

(2) クライアント・サーバー方式に対応

パソコンの機能拡充によってクライアント・サーバー方式が主流となった結果、コンピュータ言語の重心がメインフレームに用いられたCOBOLから、VisualBasic、C++、Java等のオブジェクト指向言語へと変化しました。しかも、単に言語が新たになっただけでなく、マルチベンダー化により多種多様なツールを適切に組み合わせる知識が必要になリ、複数のコンポーネントをカスタマイズして組み合わせる技術など、汎用機時代にはなかった技術が求められる形となりました。

当然、技術者の中には対応できない者が現れるなど、新技術に対する再教育が深刻な問題となりました。より根本的な課題としては、オープンシステムに適応した技術者の確保と養成が急がれることになったのです。

(3) コボルからの脱却

COBOL 系に親しんできた技術者の再教育のため、オープンシステムの開発現場にＯＪＴ〈注〉の形で参加させて、新技術の体得に努めることも行いました。

(4) オブジェクト指向への対応

オブジェクト指向開発に慣れさせるため、「檀家管理システム」というパッケージソフトを独自開発したのもこの時期です。これは寺院の檀家管理をパソコンでできるアプリケーション

〈注〉【ＯＪＴ】＝〈On the Job Training〉の略称。職場内で実際の仕事を通して行われる実践的な教育訓練のこと。

ソフトをパッケージ化したもので、営業的にはマーケティングの不足からさしたる成果を得られませんでしたが、待機要員に対しては新技術の習得という効果をもたらしました。

(5) 汎用機とオープンシステム対応と組織を分ける

このように従来の汎用機における開発需要が細るなか、新規案件の受注に注力する一方で、収益を下支えするため、既往案件に絡んだ運用・保守業務にも真摯に取り組みました。また福井本社ではこの時期、プロジェクトごとにチーム編成していた技術陣を汎用機担当とオープンシステム担当に部署分けし、新旧コンピュータシステムに対応できる体制を整えました。以上のようなリストラクチャリング（再構築）及びダウンサイジングへの対応策が功を奏し、一九九四年（平成六年）三期ぶりに黒字転換を果しました。

(6) 赤字の教訓

赤字決算になった時、会社は〝全治三年〟と社員の前で宣言しましたが、一年早く黒字になりホッとしました。赤字から得た教訓も多かったと思います。コンピュータが社会にますます浸透して、コンピュータなしでは社会も経済も動かない、という考えを持っていましたから、この不況はいずれ好況に転じると信じ、その間はジタバタしない、腹を据え来たるべき日に備え技術を磨くことだと思っていました。

それでも赤字の資金繰りが気になり、備蓄した売上げ三％の天引預金に手を付けざるを得なくなるのではと気にかかる日々でした。苦しい状況の中、辞めていく社員もありましたが引き止めることはできませんでした。しかし、この苦況を共に辛抱してくれた社員は強い心に成長したと思います。正に天が与えた試練だったのでしょう。その間、四年位は新規採用を中止していましたのでその年齢層の社員が欠けていて、後々その穴を埋めるのに苦労しました。

赤字ですと、どうしても社内の人間関係がカサカサしてトゲトゲしくなります。社員の会社に対する帰属意識が強い程、しっかり団結して難局に立ち向かう気力が湧きますが、低いと現状から逃げ出すことばかり考え団結力が弱くなります。そういった社員が辞めていきました。日頃から社員との一体感をどう強くするかを考えて手を打っておかないと、「いざ鎌倉！」という時、会社は内部から崩れるという教訓を、身をもって感じたものです。

6　景気回復の兆しが見え始める

⑴ 景気に光が少し差し込んでくる

一九九〇年代後半に差し掛かると、国による総合経済対策の効果などから景気は回復基調となり、ＩＴ関連投資もようやく回復の兆しを見せ始めました。また、パソコンがハード面においては劇的な機能向上と価格低下がいよいよ顕著となり、ソフト面においてはWindows95などのOS、各種アプリケーションの提供増加により、急速な普及を始めたのもこの時期です。こうした結果としてパソコンは相互接続されるようになり、インターネットの時代が到来しました。

(2) 大赤字プロジェクトの教訓

一九九五年(平成七年)の正月は大変でした。あるプロジェクトがトラブル続きで納期も迫り、正月も返上でやらないと間に合わないということで、人員を追加増員して取り組みました。連日遅くまで残業続きでしたが、どうやら納期に間に合わせました。しかし、結果は大赤字という無残なことになってしまいました。当然残業代は多額となり、最高額は一カ月で四十万円を超えていました。

報告を受け、金額を見た時は、「えっ! 四十万円も」と一瞬目が点になりました。しかも、それが入社一年もしない新人の女子社員だったので一層驚きました。リーダーに「何で新人を使ったの? こんな緊急な時、足手まといになるだけで効率悪いじゃないのか?」と指摘すると、「手が空いているのは彼女しかいなかったので」と言い訳をしました。「難しくて緊急な仕事は経験豊かなベテランに任せないと、赤字が膨らむだけだろう」と注意しました。そして、「四十万円もあったら、外注さんで仕事のできる人を二人も雇えるでしょう。外注を探したのか?

外注さんの方がコストが安いし、仕事もできる。仕事のできない足手まといになる人はこんな時は遊ばせておいてもいいんだよ。どっちがプラスかを考えてコストを下げないと、プロジェクトの管理などできないよ」と、小言を言いました。

さて、ここでリーダーが社長の言葉をどう受け止めるかによって成長の度合いが違ってきます。「社長の指摘通りだ。自分は甘かった」と反省して、次にその経験を活かそうとする人は成長株です。反対に、「社長の言うことは分かるけど、そんなに上手くいかないよ。えらい思いをして馬鹿をみた」で終わる人はそれまでです。

社長は失敗の要因をよく分析し、根本の問題点を指摘して、それをどう受け止めるかをきちんと見抜かなければなりません。「成長する芽がある社員にはさらに上のチャンスを与え、ダメな社員にはそれなりの仕事を」というのが上策と思います。考え方一つで、長い時間の間に成長の程度は「月とスッポン」ほどの違いを見せます。その社員が「木か草か」を見抜くことが、社長の仕事の一つとして自戒しました。

(3) 四分違いでサリン事件から免れる

一九九五年（平成七年）三月二十日、オウム真理教による「地下鉄サリン事件」が起きました。化学兵器でもある神経ガス「サリン」が、地下鉄丸ノ内線、日比谷線、千代田線の車両内で午前八時頃いっせいにバラまかれる同時多発テロが発生したのです。サリンは無色、無臭の猛毒で、毒性は青酸カリの約五百倍。吸うだけでなく、皮膚に触れただけでも死ぬ可能性があります。最初はその正体が分からずに救助は難航しました。

死者は十四人、重軽傷者は六千三百人となり、ホームや地上で横たわる負傷者の惨状は、今も目に焼き付いています。連日海外でも大きく報道されました。その頃、我が社は大蔵省の仕事をしており、野村君（当時・取締役専務執行役員）が担当していました。そんな大事件が起こっているとは露知らず、いつも通りの時間に地下鉄に乗り霞ケ関駅へと向かったのです。「事件が起こった四分後位の電車だった」と本人が言っていました。そんな、命拾いしたという後日談がありました。正に生死を分けたのは、運が良かったのか悪かったか、にあったとしか言いようのない悪夢のような事件でした。

インターネットの普及に伴い、当社でも一九九五年（平成七年）にはホームページを開設。同時期に、大阪支社（一九九二年〈平成四年〉、事業所を支社に昇格）において「インターネットカフェ」、そして翌一九九六年（平成八年）には福井本社にてインターネット通信販売「ホロン・ショッピング・プロムナード」という二事業を立ち上げました。結果的には、両事業とも知見が乏しかったこともあり短期間で撤退しましたが、インターネットの実業への展開、新規事業へのチャレンジという観点で収穫がありました。

(4) リーマンショックの影響なし

二〇〇八年（平成二十年）九月十五日、アメリカの投資銀行リーマン・ブラザーズが六十四兆円の負債を抱え破綻（リーマンショック）しました。アメリカの「史上最大の企業倒産」でした。そのニュースは瞬く間に世界中に広がり、世界同時不況に陥りました。アメリカの住宅バブルの崩壊とサブプライムローンの焦げつきで、株や債権、金融商品の価格が一挙に大暴落しました。行き場を失った投機マネーが、サブプライムローンの影響がほとんどなかった日本に押し寄せて円買いに走り、二〇一一年（平成二十三年）三月には、円は一ドルが七十六円までの円高となりました。日本の企業もそれまで好調だったのですが、その勢いに抗すべもなく、ほとんどの会社が赤字に転落しました。リストラ、自宅待機、給与カット、生産調整等々あらゆる手を打って赤字解消の努力が続けられましたが、私の関係先も同様で、私が社外取締役を務めている会社でも役員報酬のカットが審議され、取締役は三〇％以上のカットとなった企業が多かったと思います。そして一万五千社が倒産し、銀行が倒産するという不安からお金を引き出す人が増え、預ける人が一気に減りました。銀行は資金を貸すことも難しくなり、資金繰りに大きな問題が出て、一時日本の企業はほとんどが赤字となりました。

我が社はどうだったかと言いますと、ちょうどリース業界の統廃合、リース会計基準の変更等々と業界の再編成が始まっていて、特需がいっぱいあり、藤澤君の業務報告書には毎月のように〝絶好調〟の三文字が躍っていました。他社はほとんどが赤字に苦しんでいる訳ですから、

「うちは好調です」などとは口に出せません。早く他社も、業績が回復して欲しいと祈る気持ちでいっぱいでした。

宴の後には、厳しい現実が待っていました。リース業界の統廃合が終わると、客数がガタッと減ってしまいました。今までは二社のお客さんから仕事をもらっていたのが、統合により一社になる訳で、客数は半分になります。二〇一〇年（平成二十二年）から二〇一二年（平成二十四年）まで、売上は約二〇％も下がり、それが横ばい状態で推移しましたが、ようやく二〇一三年（平成二十五年）から元に戻り、多少上向きになりました。リース業界の市場そのものも半減しましたから、当然リースのシステム開発も厳しかったのは仕方ありません。その後ようやく少しオートリース等で、投資マインドが前向きに変化した兆しが窺えました。

お隣の中国では依然としてリースは急成長で、年率三〇〜四〇％伸びていて、リースの扱い高はアメリカを抜いて世界第一位になっています。

リース・クレジット業務案件の堅調な受注に支えられた当社は、好調な決算を維持していました。特に、二〇〇八年（平成二十年）度は、リース業界が新会計基準に対応するためのシステム開発を行ったり、業界の再編成のための大型開発を行ったりしたこともあり、受注が極めて好調に推移。半期決算ながら経常利益一億千三百万円を確保しました（この年度から九月決算に移行）。

(5) 名古屋で銀行開拓

景気がなんとなく明るさを増してきた感じがした一九九六年（平成八年）初冬の頃でしょうか、名古屋への拠点を築くことを考え始めていました。

当時の資金調達源は北陸銀行、福井信用金庫、商工中金でした。これに加えて名古屋銀行か愛知銀行を開拓したいと思い、管理部長の浅地君に、「君、ひとつ名古屋に行って開拓をしてこいよ。いい経験になるし勉強にもなるから」とけしかけました。浅地君は大変頭脳明晰ですが、営業的な人に接することは少し臆するところがあるので、成功すれば本人にとっても大きな自信になると思ったからです。

早速資料を準備し、飛び込みで訪問したようです。名古屋銀行さんには門前払いを食らったようでしたが、愛知銀行さんは話を聞いてくれて、何度か通って取引ができました。賞与資金の一部を借りたこともありますから、最高で数千万円の取引になったと思います。その後仕事が東京中心となり、次第にメインバンクが三菱東京ＵＦＪ銀行とみずほ銀行へと移っていき、愛知銀行との取引は途絶えてしまったようです。

後年、名古屋銀行の子会社、名古屋リース様の基幹システムを受注し、名古屋銀行東京支店との取引を始めました。支店長に或る時、「うちはお宅に門前払いをされたんですよ、けしからん」と冗談を言うと、「それは知りませんでした。どうも申し訳ありません」と最敬礼をされ、大笑いになりました。

(6) インターネット通販を試みる

「海の向こうのアメリカでは、インターネットで通信販売を始めた」というニュースを聞いたのは一九九三年(平成五年)か一九九四年(平成六年)だったと思います。その時思ったのは、これは「在庫のいらない新しいビジネスモデルだ」ということでした。必ず日本でも大きく伸びるに違いないと考え、研究を始めました。アメリカにいる友人に「インターネット通販をやりたい」と相談すると、「オー凄い! 目が早いね」と感心されました。しかし、会社は技術者の集団で、モノを売った経験のある人はいません。

とにかくシステムをつくって営業してみようと通販のシステムを構築し、これはという商品を持っているメーカーを当たって営業してみました。当時は正直言って、「そんなことができるのか? よく分からない」という社長さんがほとんどでした。五十代以上の人だと、いくら説明してもチンプンカンプンで分かってもらえませんでした。それでも三十代の若い社長さんや社長の息子さん達が興味を持ってくれました。どうにか、「五、六社に売れたら商品を出しましょう」と承諾してくれました。

インターネットで商品を紹介し、売れたらメーカーから買い手に商品を送ってもらい、我が社は手数料として一〇%頂くという仕組みです。当時はカタログ通販が全盛時代で、それに取って代わるのがインターネット通販になると考えていました。すなわち、カタログをコンピューターの画面で紹介し買って頂くということです。ここで一番問題になったのは、代金をどう回収するかということでした。商品を送って届いてから代金をいただくシステムは回収不能となる恐れがありダメということで、代引きがいいのか、振り込みを確認してから商品を送る方がいいのか、代金を書留で送ってもらってから商品を発送するのか、なかなか決まりませんでした。実際、電話でも注文を受け付けていましたが、お聞きした住所を確認すると皇居の住所だったりして冷やかしも多く、当時のインターネット通販は消費者に理解されませんでした。そんなこんなの内に景気が回復し、情報システムへの投資が増え、本業のシステム開発の仕事が多忙となり、手の空いている者はいなくなり私一人ではどうにもならず、自然と取り止めになってしまいました。

後年、アマゾンを通じてのインターネット通販がスムーズに立ち上がって成功したのは、担当者に小売りの経験者を得たことと、最初の失敗が良い経験になっていたことなど、世の中がインターネットで物を買うという時代の大きな潮流が起こったからだと思っています。

7　名古屋に拠点をの気運

(1) 太平洋ベルト地帯

「黄金の太平洋ベルト地帯」——バブルの頃はそんな呼び声がありました。経済の発展が大都市の東京、名古屋、大阪を結ぶ太平洋側に著しく、日本海側の都市は経済発展から取り残されがちだったからでしょう。そんな訳で福井で生まれたホロンシステムも、太平洋ベルト地帯に拠点を築き、営業展開をしようという考えが根強くありました。会社創立三年目の秋頃に名古屋拠点を設け、東京、名古屋、大阪のラインを確立しようとの気運が盛り上がりました。

(2) 第三セクターのITビル

丁度その頃、名鉄名古屋駅の次の山王駅の直ぐそばに、IT企業を入居対象にした第三セクターのビルが建設中でした。山王駅は普通電車しか止まらないのでやや不便でしたが、家賃が安かったので数人で現場を視察したりして、まあまあということで仮決めをしました。しかし、建設が進むにつれどんどん不況風が吹き始め、入居を断念しました。第三セクターの担当者も入居予定の会社の中ではダントツの大手だったので、キーテナントとして期待していたので「本当に残念です」と嘆いていました。

(3) ビル探しスタート

それから一年後位に、割と不況に強い名古屋で仕事を取ろうということで、糸魚川雅行君が営業部長として単身で名古屋に乗り込み活動を始めました。一九九二年（平成四年）四月に宿舎のワンルームマンションに名古屋営業所の看板を掲げてのことです。しかし、一年もすると不況の風が段々強くなっていきました。名古屋では人脈も乏しく顧客もわずかで、営業は成果を挙げられませんでした。

二年弱で見切りをつけ、福井からの出張ベースでの営業活動となりました。しばらくそんな状態が続きました。一九九六年（平成八年）になると、景気もやや回復してきて、名古屋に再挑戦との気運が盛り上がってきました。いよいよ本格的に進出することを決め、小林真一郎君が事務所設置準備委員として転勤含みで名古屋の事務所探しを始めました。

(4) 五階建の名親ビル

一九九六年（平成八年）秋頃のことです。なかなか適当な物件もなく、一カ月位経ってから、以前コンサルティングをしていた徳川町にある名古屋通商株式会社の中林社長に挨拶に伺い、「名古屋に進出すべく、今事務所を探しているところです」と話したら、「そんならうちのこのビルを使ってよ」ということになり、後日お願いして同年十一月に入居しました。その「名親ビル」でインターネット通販の新規事業を開始しました。一年足らずでもっと便の良い場所へとの要望が高まり、久屋大通から一本内に入った大津通に面した「豊友ビル」に引っ越しました。

(5) 「社長、皆辞めますよ！」（大阪の乱）

ようやく不況から抜け出せそうな様相が感じ始められた頃、思いも掛けない事件が起きました。一九九七年（平成九年）二月の終わり頃〝大阪の乱〟が勃発したのです。リーダー格の某君から、「社長ご存知ですか？　皆辞めますよ」と、電話で第一報が入りました。驚いて詳細を確かめると、上の二人を除いて全員が辞める相談をしているという。「原因は何だ？」と聞いても、口をもごもごさせてはっきりしません。

慌てて大阪へ飛んでいきました。少し前から何か変だと感じていましたが、まさか集団脱走するとは思いもよりませんでした。納期の厳しい仕事が続いており、皆残業に次ぐ残業で身心共にへとへとになっているのは分かっていましたが……。

女性社員のお母さんから、「うちの娘は毎晩十二時過ぎにしか帰ってきませんが、もっと早く帰していただけませんか」というクレームの電話が入っていたというので、電話をして平謝りに謝ったこともありました。お母さんが娘に聞くと、「『急ぎの仕事で皆が残っているのに、私一人が早く帰る訳にはいかない！』と怒り出すのです」とおっしゃっていました。お母さんは「こんな状態が、ずっと続くのですか？」と大変心配そうでした。奈良方面から通っている女性でしたので、家まで二時間近くかかるとのことでした。お母さんには、「会社を遅くとも九時には出られるようにしますからもう少し辛抱して下さい。申し訳ありません」と、ただただ平身低頭するしかありませんでした。支社長に「自宅通勤の女性は九時には帰せ」と社長命令を出した程です。

そんな訳でなんとなく社内の雰囲気は悪く、これは問題だなと、胸の中にモヤモヤとした感じのシコリがずっと残っていました。そんな時の衝撃の一発でしたから、取るものも取りあえず、それこそ〝押っ取り刀〟で駆けつけました。大阪の上二人を除く全員を集めて食事をしながら、皆の話を聞くことにしました。

俺達が遅くまで残業しているのにさっさと帰る、困って相談しても自分で考えて解決しろと突き放される、文句は言うが褒めることはない、大声で怒鳴る等々、上二人に対する不平不満が溢れて、三時間位話し合いましたが話は尽きません。

最後に「分かった。支社長を交替させるから、皆短気を起こさずもう少し辛抱して辞めるな」と説得しました。それでも手遅れで、四カ月位の間に七、八人の社員が辞めていきました。社員との絆づくりが全くできていなかったのです。支社長はなかなかのアイデアマンで企画力もあり、時代の流れを読むのも敏でしたが、残念ながらヒューマンテクノロジーに少し欠けていて、部下からの信頼を得られなかったようです。

四月に酒井新支社長が赴任して、〝大阪の乱〟はようやく沈静化しましたが、傷痕は深かったと思います。

第2章　飛躍期を迎えリースとクレジットで急成長

1　東京中心のビジネス体制を目指す

(1) 中期経営計画を策定

バブル崩壊による不況とダウンサイジングによる需要の減退に苦しめられた当社でしたが、一九九〇年代後半からは低成長ながら安定した業績を確保できるようになりました。〝二〇〇〇年問題〟もありソフトウェア開発業界に明るさが見え出した中、一九九八年（平成十年）には五年後を展望して、「量的拡大」「業態拡大」「質的変革」「市場変革」「市場開発」の五つの課題に取り組むことを目指した中期経営計画を策定しました。

とは言え、当時の当社は技術力、競争力のある事業領域を打ち立てるには至らず、不安定な受注と厳しい価格競争に悩まされていました。こうしたなかで飛躍の転機となったのが、一九九六年（平成八年）の興銀リース案件を受託第一号とする「リース業務」と、二〇〇〇年（平成十二年）にＪＡＬカード案件で本格スタートした「クレジット業務」への進出でした。両業務を継続して手掛けることによって開発ノウハウを蓄積し、これがエンドユーザーや大手システムインテグレータからの受託に結びつきました。その結果が、さらなるノウハウの蓄積、受託という好循環の流れをつくり出し、事業の拡大と安定に大きく寄与することになったのです。それはまた、福井に本社を置き、大阪・名古屋・東京に支社を配置という従来の事業体制を、東京を中心とする体制へと変化させる動きを呼ぶことになりました。

(2) 丸岡君の宣言に嬉しくなる!!

一九九八年(平成十年)前後は私も血気盛んでしたから、中堅クラスの社員を集め研修会をしばしばやったものです。合宿研修、連続研修、一日研修、半日研修、日にちと時間さえ押さえれば計画的に実施可能でした。経理の勉強会、中堅社員の役割と責任、部下のモチベーション向上策、上手な人づかい等々、テーマはいっぱいありました。経営コンサルタントを長いことやっており日本中を飛び回っていた訳ですから、この程度のことは別に苦にならなかったのです。

或る時、若手社員研修会で三十代半ばの社員を集め一日研修をやったことがあります。ある講座が終わって、「何か質問があるかね?」と問うたところ、誰かが手を上げて質問してきました。「社長の収入はどれ位あるのですか?」と。誠に唐突で不躾な質問ですが、皆が口には出さないが興味を持っていることに違いありません。「ウン」と、苦笑いしながら、「この会社ではそう貰っていないよ。全社員の中で上から九番目だ」と答えました。事実その時はそんなものでした。「ほかに？」と言ったら丸岡君が手を上げて、「私が社長の給料を会社一にするよう頑張ります」と大きな声で言ったのです。この時は、なんとなく嬉しかったですね、社員からこんな言葉を聞けるなどと思ってもいませんでしたから。「丸岡君よろしく頼むよ。頼りにしてまっせ‼」と最敬礼をしたら、皆がどっと沸きました。

そんな愉快な思い出もあります。当時から当社は和気藹々の雰囲気に満ちていたようです。

(3) 東京支社長交代

一九九五年（平成七年）頃、「そろそろ福井へ帰してもらえませんか？」という声が浅地君から聞こえてきました。私に直接言ってきた訳ではありませんが、人伝《ひとづて》に「帰りたい」という声が聞こえてきました。福井で創業したこともあり、当初はほとんどが福井の人でした。東京、大阪、名古屋で地元の人を採用しましたので、この頃には福井人の比率は低くなっていましたが、それでも半分かそれ以上でした。

北陸三県の県民性を表現するのにこんな言葉があります。「富山強盗、石川乞食、福井詐欺」――即ち、「食うに困ると富山県人は強盗を働く、石川県人は乞食をする、そして福井県人は詐欺をする」という訳です。県民の性格の一面を上手く突いて、言い得て妙です。しかも福井の人は、地元を出るのを嫌がります。福井から東京へ転勤になると、奥さんはややこしい田舎の隣近所や親戚などの付き合いがほとんどなくなり、音楽会、美術館、ショッピング、スポーツ観戦、遠出等々と毎日が楽しくて仕方がない。だから「福井に帰りたくない」となりますが、男はお墓がどうの、親の面倒を見なければならない、田や畑が心配だと、心は福井に向いていると言われています。

ですからあまり長く地元を離れると、「帰心矢の如し」になるのだそうです。そんな訳で浅地君を福井へ戻すことにして、後任に三十七歳の野村君を充てることに致しました。野村君に就任を打診したところ、三つの条件を要求されました。

①東京支社での資金調達活動にノータッチにして欲しい。

②支社長の権限と責任にふさわしい処遇をして欲しい。

③三年位で福井に帰して欲しい。

全て了解と返事はしました。①の全社的な資金調達は本社管理部の仕事ですから、特に問題はありませんし、②は当然のことですから、「思い切りやれ」と激励しました。③には、三年で帰るということは失敗ということですから、なんとしても成功して欲しいという強い思いがありました。最初の頃は少し緊張していたようですが、その後は自分の裁量で動けるのが面白くなったのでしょう。メキメキと業績を挙げていきました。

さらなる競争力強化のために専門特化分野を模索していた野村君は、一九九六年（平成八年）秋、永和システムマネジメントから福井本社に持ち込まれた、富士ゼロックス系リース子会社向けの基幹システム構築案件（元請けは富士通）に飛びつきました。その案件は元請け自体の失注によって終わりましたが、三カ月後に代替として興銀リースの基幹システム構築案件が改めて永和システムマネジメントから持ち込まれ、翌一九九七年（平成九年）二月から同プロジェクトに参入することになりました。

⑷ 菱進ビル入居とフレックス

一九九〇年（平成二年）一月、東京事業所を開設してから六年経過し、川崎の溝の口は都心から遠く何かと不便でしたので、一九九七年（平成九年）に池尻大橋の「唐木ビル」に移転しました。野村新支社長の下、新しいビルでのスタートとなりました。それからの東京支社の伸びは大きく、一九九九年（平成十一年）には、当初十三名だった社員が二十九名に、生産高一億円が三億円強になっていました。

二〇〇〇年（平成十二年）の暮れ頃から、そろそろ「唐木ビル」を卒業して、もっとグレードの高い地域にあるビルに入居して、もう一段の飛躍を図りたいと考えるようになりました。一年前に分室という考えで出した八重洲営業所も含めて、二〇〇一年（平成十三年）に麹町の「菱進平河町ビル」に入居しました。ようやく百四坪の広さの事務所を構えることができました。後に七階のフロア（七十坪）も借り増し、初めて社長室を作りました。「菱進平河町（現・ヒューリック平河町）ビル」は古いビルでしたが、重厚な雰囲気があり、入居希望の第一候補のビルでした。しかし先に希望した会社があり、我が社は二番手でした。もう一つの候補ビル、「花菱ビル」もこぢんまりとしたビルでしたが、なかなか瀟洒な建物で、これも捨て難い味がありました。東京銀座でファッションの店を全国展開している花菱さんの持っているビルです。「総合的には菱進が上だが、二番手では入居できる可能性が低い」と考え、お断りしました。「花菱ビル」さんと賃借契約を結ぶ当日、朝早く名古屋から上京して契約の時間を待っている時、一本の電話が入りました。菱進ビルの担当者からでした。「入居予定の会社が突然入居を取り止めたので、もしホロンさんが他のビルとの契約がまだなら、ぜひ入居して欲しい」とのことでした。

担当の小林真一郎君に、「断ったんじゃないのか?」と尋ねたら、万が一ということもあるので契約が済むまで断らずにそのままにしておいたということでした。正に怪我の功名そのものでした。「花菱ビル」さんに断りを入れると担当者がすっ飛んできて、百万円値引きをするから当社のビルにぜひ入居して欲しいとの申し出がありましたが、幸運を逃すことはないということで、「菱進ビル」に決めたという入居時の経緯があります。

(5) 新ビルでフレックスタイムを導入

さて、新しいビルは麹町という土地柄もあり、便利で街の雰囲気が今までより上品でワンランク会社の格が上がったように感じられました。一年後には社員の数も五十名となり、通勤の満員電車で体力を消耗するロスを解消しなければと、フレックスタイムを導入しました。週休二日を除く五日間はコアタイムを十時から四時までとし、この時間帯は必ず勤務して、後三時間は自分の都合に合わせて前後にずらしてもよし、という勤務形態にしました。特に朝の満員電車は三十分か一時間遅いと、電車の状態は全く違いますのでこれは良かったかなと思っています。

しかし、段々とセキュリティが厳しくなり、プロジェクトごとに発注先の決めた場所や出退勤時間で仕事をすることとなり、恩恵を受ける社員が次第に少なくなって、今では本社勤務のトップクラスが利用しているだけで、「本当にこれでいいのか？」という思いがあります。そんな訳で朝全員が揃いませんから、朝礼をやってもあまり意味がないなどという問題もあります。

⑹ リースで地歩を固める

リースの仕事は、スタート時点では永和システムマネジメントからの一部再委託の形での参入となりましたが、同社が半年間でプロジェクトを退出することになり、後は当社が富士通様から直接請け負うこととなりました。二年後、この案件は無事に本番稼働を迎えて終了となりましたが、担当した当社のリーダーSE藤澤三千雄、堀口惠市の実力を富士通様が高く評価し、続くリース案件についても共同で営業開拓しようとのお誘いを受けました。約半年の提案活動を続けた結果、二〇〇〇年（平成十二年）三月二十日にセンチュリー・リーシング・システムの基幹システム構築案件を獲得し、四月一日より富士通様と開発に取り組むことになりました。

富士通様より、「受注した暁には、やりたい部分を好きなだけ担当して下さい」と言われていたこともあり、その時点での当社の実力を遥かに超える規模と範囲を担当し、大変な苦労を重ねての開発となりました。しかし、その間にリースシステムに関して必要となる知識ならびに大規模開発のノウハウを確実に習得、蓄積していきました。計数的にも、リース総受注額十億円と二〇一四年（平成二十六年）時点でいまだに破られていない記録的な案件となりました。

こうした実績によって、以降は、一つのシステム開発終了を待つことなく、次々と新規の受託案件が持ち込まれ、当社の事業の柱として育つことになったのです。

2　カードビジネスへ参入

(1) 八重洲営業所開設

もう一つの事業の柱となったのが、クレジット系企業のシステム開発でした。東京支社が池尻大橋ですと広大な首都圏を回り切れず、都心のど真ん中、東京駅に近い所に拠点が必要と考えました。そうなると今まで手をつけていない千葉や埼玉から通えますし、人材獲得にも好都合になるのではという期待もありました。

一九九九年（平成十一年）四月、東京の二つ目の拠点として、東京駅八重洲中央口の直近に八重洲営業所を開設しました。八重洲営業所の所長に就いた宮川教弘君は、大阪支社勤務時代に東洋情報システム（現・ＴＩＳ）のクレジット関係に長年携わっていたことから、クレジットカード系を特化分野にしたいと考えていました。

⑵ 藤宮カード事業部長に会う

藤宮宏章氏がＴＩＳ様のカード事業部を担当する常務に就任されたことを新聞で知った私は、野村東京支社長を伴いお祝いを兼ねて藤宮氏を訪ねました。すると翌週、藤宮氏の部下のカード担当部長が当社を訪れ、協業しようとの話に発展しました。同部長は宮川所長が大阪時代に懇意にしていたこともあり、八重洲営業所のメンバーを中心として翌二〇〇〇年（平成十二年）からＴＩＳ様のＪＡＬカードの案件に参画することになりました。

⑶ 藤宮さんとの出会い

当社の監査役をお願いしていた藤宮さんとはもうかれこれ三十年位のお付き合いになります。藤宮さんがＴＩＳの名古屋の支社長時代、愛知県保健センターのシステム開発を受注されたのですが、これが色々とトラブって、ＴＩＳ様でも納期に間に合わないとか、大赤字だとか、大変苦労されたプロジェクトがありました。当社もその一部をやらせて頂いていました。

或る日、当社の担当リーダーから「藤宮さんが直接社長と話がしたいとおっしゃっていますが、電話をかけてもらってもいいですか?」と、自宅に電話がありました。「もちろんいいよ」と答えました。その時点ではお会いしたこともなく、面識がありませんでした。程なく藤宮さんから電話があり、「技術者が足りなくて困っています。なんとか応援をお願いできませんか?」ということでした。早速、福井本社の部長に伝え、三人の技術者を出しました。そんな縁からのお付き合いです。

食事をご一緒した時のことを今でも覚えています。藤宮さんは単身赴任でしたから、「何か食べたい物がありますか?」とお聞きすると、「焼き魚はなんとか自分でもできるけど、煮魚ができないんですよ」ということで、「あやめ」という魚の美味しい行きつけの店にお連れすると、大変喜んで頂きました。

(4) さあー大変と駆けつける

東京に帰られて間もなくだったと思いますが、藤宮さんから電話が入り、「今パートナー会社の集約を検討しているんだが、下から上がってきた名簿の中にホロンさんの名前が切る方に入っているけど、いいですか?」と知らせていただきました。驚いて、「ちょっと待って下さいよ」と、野村君を連れ直ぐ飛んでいきました。

「それは止めて下さい」とお願いして助かりました。当時技術者不足でTIS様からの仕事が引き受けられず取引が減っていたので、「もっと頑張ってやりますから」とお願いしました。そしてその後、カードの仕事をさせて頂くことになりました。そんな経緯もありましたが、今ではＴＩＳ様とは当社売上の四分の一位の取引になっています。

藤宮さんがクオリカに移られる時も送別会をやらせて頂きました。藤宮さんが「これで上がりのポストだから気は楽ですよ」とおっしゃったので、私が悪態をついて、「あなたは悪運が強いからきっと戻ってきますよ。今度戻る時は社長ですね」と冗談交りに言うと苦笑をされていました。それが本当になるとは、私自身思ってもいませんでした。社長、会長を務め上げられ、我が社のような小さな会社に来ていただけるとは考えてもいませんでした。ほんの冗談交じりに、「当社の監査役でも?」とお願いしたらあっさり承知して頂き感謝しています。今まで色々とご指導頂き、社員教育や営業面でも多方面の方を紹介して頂き大活躍をして頂きました。ありがとうございます。

(5) パッケージ開発参加の決断

さらに二〇〇三年（平成十五年）春、ＴＩＳ様が日本総研の対抗商品として、「Credit Cube」というパッケージ商品を開発することになり、当社にも開発参画の打診がありました。パッケージ開発のプロジェクト自体では赤字覚悟となるが、その後のＴＩＳ様の営業展開に関して継続的連携が可能になるとの確信のもとに参画を決意しました。この決断が功を奏し、二〇〇四年（平成十六年）八月にＪＲ東日本ビューカード、二〇〇七年（平成十九年）二月にエムアイカード（三越・伊勢丹カード）を受注し、現在も両案件の保守・開発が続いています。

その他にも、ＪＣＢカード、三井住友ＶＩＳＡカード、イオンカード、セゾンカード、オリコカードなどで継続的な受注を確保しています。

(6) 東京で稼いで赤字の名古屋、大阪に貢ぐ

名古屋と大阪は、メインとなる仕事が定まらず赤字続きでした。東京でリース・クレジットが好調になると両支社の赤字を補ってなお余りある利益が出るようになりました。

この両支社の赤字をせめてイーブンパーにするにはどうするか、ということが常に問題になっていました。これはもう仕事の中身を変えていく、すなわち利益のある良好な受注を増やし、赤字スレスレの仕事は止めるということが第一です。しかし、そうすると仕事量の絶対額が少なくなるので、営業力を増強するより方法はありません。そんな訳で、支社長の力量が問題でした。人材不足でそれを解決するのは、外から人材を輸入するしかありません。

(7) 赤字部門の人事考課に悩む

赤字部門の社員評価が一番難しかったです。賞与の場合、業績の良い部門は当然賞与が多く支給されます。例えば、好業績の部門に所属していれば本人の成績が多少悪くても、赤字部門

の成績の良い社員と同等以上の賞与支給になる可能性が多分にあります。

これが、赤字部門の優秀な社員が「おかしい」と疑問を投げるところです。例えば、赤字部門の社員が東京へ応援に行き、自分と同等位の職位の人と一緒に仕事をした場合、自分と比べて「遥かに出来が悪い」と感じた人の方が賞与を多く貰ったら「おかしい」と面白くないはずです。これをどう解決するかという問題です。それをある程度解決するために、社長評価で一人十万円を限度に金額を上乗せしました。それにはしっかりと全社員の働きぶりを観察しておかなければなりません。評価に情実が入ってはなりませんし、情実交りの評価を見抜き訂正することも大切です。そんな訳で、会社の中で社員を一番よく知っているのは私だということになっているようです。でも、若い新入社員が多かったり、中途入社の社員にしても、顔は直ぐ覚えられるのですが、名前を直ぐ忘れてなかなか思い出せないのは年のせいか気のせいか、少し気にしています。

(8) 高い技術とノウハウで新規参入

ちなみに、リース・クレジットといった金融系のシステム開発は、規模が大きいだけでなく、開発後も継続的な保守開発（Life Cycle Management）の仕事が付随するという、不況時の下支えメリットがあります。また、企業の統合・合併や法改正に伴って大型の開発需要が発生し、そのため大小様々な形で存在するシステム開発の中でも、特に金融系はそのシステム開発に実績を持った企業が既に多数存在し、新規参入の障壁は極めて高いのです。参入に欠かせない開発技術やノウハウなどの獲得の機会さえ乏しいというのが実情です。当社としては、リース・クレジットという金融系の中では隙間とも言える部分に幸運にも上手く参入できるチャンスに恵まれ、それを活かすことができたのでした。

3　東京の躍進がスタート

(1) 東京で二つの拠点

さて、こうして東京では池尻大橋の東京支社、八重洲中央口の八重洲営業所と二本立ての拠点となって、相互に切磋琢磨して、いい意味でのライバル意識を燃やし、共に発展してくれるだろうと期待していました。しかし、現実はそうはいきませんでした。もともと大変仲の良いメンバーが二つに分かれている訳ですから、協力関係はとても良好でしたが、私には少しなれ合いの傾向があり、事務所間の距離もあって効率が悪いように感じられました。いっそ池尻大橋の東京支社をもっと適切な場所に移し、二本立てを止め、一本にまとめた方が効率的だし効果的だと決断し、事務所探しを始めたのです。

二〇〇一年（平成十三年）三月に麹町の「菱進ビル」の百四坪の事務所に移転し、その時点で社員は五十人になっていました。池尻大橋の事務所ではもう狭く、いずれにしろ移転せざるを得ない状況でもあったのです。

麹町の新事務所は東京の中でも立地条件が良く、人材採用にも効果的で、お客さんとも近く、やっと東京に拠点を置く会社になったと感じたものです。野村、宮川のコンビも良好に作用し、社員の一体感も強くなりました。振り返ってみると、この時点から東京の躍進が始まりました。

(2) 特色を活かして最高利益に

リース・クレジットという金融系システム開発への参入と実績の蓄積は、経営の安定化と業績の飛躍をもたらしました。二〇〇〇年(平成十二年)を迎えた頃から大規模リースシステム案件が収益に大きく寄与、二〇〇一(平成十三)年には売上高が十五億円を突破し、経常利益も一億五千四百万円と過去最高記録を達成しました。

主たる担い手となった東京支社は、その開発需要に対応するため人員を増強、一九九七年(平成九年)まで十名強であった開発要員は、リース・クレジット業務が本格化した二〇〇一年(平成十三年)には五十名を超えることになりました。東京支社の規模拡大は、一つには金融再編の影響で、もう一つには情報セキュリティ上の要請からで、その後も続きました。二〇〇〇年代前半、大手メガバンクの金融再編が進行する中、傘下のリース・クレジット会社も再編され、東京がシステム開発の拠点となりました。必然的に、当社においても窓口としての東京支社の重要性が増していきました。

⑶ 営業本部を新設

二〇〇五年（平成十七年）に東京支社に営業本部を新設しました。その一年半後には東京が本社となり、営業本部の存在感はお客様へのいいＰＲになりました。かねがね営業を組織として確立しなければと考えていましたが、東京での仕事が増えていき、人員も多くなり、今までのやり方ではいずれ限界がくると考えていたからです。

と言うのは、当社は創立以来、組織としての営業部門はありませんでした。現場できちんとスピーディーに仕事をすれば、お客さんが、「次はこれをやってよ」と仕事を出してくれたからです。仕事が終わる一、二カ月前に、「次はどんな案件がありますか？」とお客さんとネゴして受注するというスタイルで、いわゆる現場営業でコトは済んでいったのです。ですから、営業はいなくても仕事は獲れるという考えが強かったのです。しかし社員も二百人近くなり、やはり、営業が仕事を獲り、それを開発でこなすという流れが正しいという思いが常にありました。現場の力が強過ぎると、せっかく営業が頑張って受注しても、開発はパンパンで人は出せないとなりますと、営業はお手上げで開発の顔色を窺って営業することになります。せっかく頑張って仕事が獲れそうなのに人を出してもらえず、やむなく断ったなどということが起こってきます。

社員が二百人を超えると、もう現場営業だけでは充分な仕事量は賄えません。そんな危機感もあって営業本部を新設したのですが、最初の内はなかなか機能しませんでした。色々な会社でよくあるトラブルは〝製販の対立〟です。製造部は「営業がこんな安い仕事や急ぎの仕事を獲ってきて押しつける。製造部門には生産計画がある訳だからそれを考慮してもらわないと困る」と腹を立て、営業は営業で「厳しい競争になんとか勝って獲った仕事だ。何でもっと大事にやらないんだ」と憤慨するといったトラブルです。それをトップが調整して前に進むという姿がお互いを鍛えると思っていましたから、早く独立した営業の組織を確立したかったのです。十年近くたち、最近やっと少しそういった流れが見えてくるようになりました。

4　本社を東京に移転

⑴ 本社が東京となる

創業以来の「東京、大阪といった〝支社で受注〟し、人件費の安い福井〝本社で開発〟」というビジネスモデルがセキュリティ上維持困難となったことが、東京への集中に拍車を掛けました。リース・クレジット業務に関しては、エンドユーザー、システムインテグレータ等の指定、提供する作業場所として、東京での開発が義務付けられた訳です。福井本社から東京への出張ベースで対応した時期もありましたが、それも移動費、滞在費を考慮すると割高となり、東京支社の増員が不可欠となっていきました。リース・クレジット業務の順調な拡大に伴い、東京支社は、売上面、利益面、人員面いずれを見ても全社の過半を占めるようになり、二〇〇六年（平成十八年）七月一日付で福井から東京に本社を移転しました。

(2) 本社の移転はスムーズに

東京へ本社を移転するのは時間の問題と思っていましたが、それによって福井本社の立場がダウンするというのが福井出身社員の不安でした。そんな懸念もありましたが、しごく淡々と事務手続を進め、問題点は何もありませんでした。仕事の流れから言えばもう福井本社ではお客さんからも当てにされない時代の流れになっていました。社員の過半数が東京ですし、経営のトップも支社長を除けば東京ですから、決断に迷いはありませんでした。二〇〇六年（平成十八年）七月一日付で東京が本社となりました。

システム開発の仕事の約九割は東京発注と言われた時代ですから、むしろ遅きに失したのかも知れません。大阪での発注が、よく調べたら元は東京だったというケースがよくありましたから。そんな訳で、会社は「花のお江戸の東京の会社」になったのでした。

ちなみに、本社移転後の福井支社は、周辺地域の市場規模を再検討した結果、二〇〇五年（平成十七年）に開設した金沢営業所（のちに北陸支社に昇格）に、二〇〇九年（平成二十一年）

統合。その北陸支社も二〇一一年（平成二十三年）に閉鎖し、残存業務を名古屋支社に引き継いだのでした。

こうした動きの中で、大阪支社、名古屋支社における事業をどう安定化するかが課題となっていました。

(3) 資本金を八千万円台に

二〇〇六年（平成十八年）に本社を東京に移転しましたが、東京が本社なのに四千万円の資本金では見劣りがするのではという声が出ていました。確かに少し低いと感じていましたので、それを検討することにしました。一億円以上ですと税務署の管轄が国税局になることもあって、それは見送ろうということになりました。国税局の管轄なら、資本金が一億を少々超えても会社の規模としては一番下のクラスになるし、税務署なら九千万円でも一番上のランクになる。その辺も考えた方がいいのではという意見もありました。

一般的な考えでは国税局の方が厳しいから、資本金は一億円以内とする人が多いようです。でも、会社の成長を考えれば、いずれ一億円の資本金でも過小資本になるのではと思いましたが、今回は八千万円でいこうと、倍額増資ということにしました。会計処理の都合で少し端数が出て、覚え難い金額の資本金になってしまいました。

5　大阪・名古屋支社に大物スカウト

大阪支社では、日本電子計算株式会社の下で公共、証券関連の開発、TIS様の下でカード関連、日本ビジネス開発株式会社の下で一括開発を含めた多様な案件など、幅広い業種の開発を行っていました。転機となったのが、二〇〇五年（平成十七年）当時、株式会社ディーエム情報システムに在籍しており、酒井大阪支社長と親交のあった大野木章さんの当社への転籍でした。同社大阪支店が閉鎖されることとなり、支店責任者であった大野木さんは、同社ならびに取引先の了解を得たうえで、案件を携えてチームごと当社に転籍しました。当社に入社した社員は総勢六名、別途ビジネスパートナーが十名の陣容でした。

一方、同社大阪支店が手掛けていた業務は、NTTデータ関西や日立SASの下での公共案件や産業案件、日本総研の下でのカード案件等でした。関係者に当社への作業移管了承を取り付け、継続して開発を行いました。これにより、業容が拡大すると共に、公共、産業分野に強い大阪支社への足掛かりが作られることになりました。

⑴ 大野木さんのスカウト成功

我社のお客様であるディーエム情報システム大阪支社が閉鎖されるという情報を、大阪支社長の酒井君がキャッチしてきて、「責任者の大野木さんを仕事ごとスカウトしてはどうか？」という話を持ってきました。二〇〇五年（平成十七年）の秋頃ではなかったかと思います。「それはいい話だ。ぜひ会って話がしたいから進めてくれ」と頼みました。

当時会社には、経営者的なマネジメントができる人材がほとんどいませんでした。優秀な技術屋さんは何人かいましたが、「支社を任せて経営できる人が欲しい」とかねがね思っていましたから渡りに船でした。生まれも育ちも京都の人と聞いていましたので、京都で一席設けて口説くのがいいだろうと考えました。加茂川の辺にある高級料亭「ちもと」に決めました。

眼下に加茂川の流れが見え、窓から顔を出せば四条大橋が望める絶好の場所です。こんなことでもないとなかなか上がれないところです。料理もサービスも一級品ですから、気に入ってもらえるだろうと踏んだのです。宴席で「ぜひ当社に来て下さい」とお願いし、良好な雰囲気の中で話を進めることができたと思いました。その後の交渉や諸手続きは酒井君に任せてやってもらいました。「多分大丈夫だと思います」という酒井君の見解でしたが、他社からもオファーがあるだろうと気になりました。

後日、「お世話になります」との返事をもらい安堵したことを覚えています。社員六名、パートナー十名を引き連れ、仕事付きで入社してくれました。これが大阪支社の赤字体質脱却のきっかけになりました。

⑵ 渡辺さんのスカウト成功

二〇〇三年（平成十五年）頃、ユーフィット様の子会社で人材派遣を主業務としている東京のCST社長の渡辺さんが、定年退職で名古屋に帰ってくるという話を聞きました。CST様も東京のお客さんで、渡辺さんには一度お会いしたことがありました。早速、コンタクトを開始しましたが、その時は既に他社からもオファーがあり、そちらに行こうかという思いがあったようです。ぜひ当社の顧問として、営業を中心に週三日位来ていただきたいとお願いしました。

東海銀行の子会社セントラルシステムの常務として長いこと名古屋を中心に営業をやってこられた方ですので、業界のことはよくご存知ですし、顔も広く、人脈も充分ですから本当に申し分のない方でぜひ来てくださるようお願いしました。

当時の支社長は技術屋で営業はあまり向いていなかったので、大きな戦力になるだろうと期待していました。しかし、かなり年上ですし、営業の大ベテランですから煙たかったのでしょうか、「敬して遠ざける」を地でいったようにあまり近づかず、教えを請い勉強をするという気はありませんでした。

渡辺さんに顧問をお願いして三年程経った頃も、名古屋は相変わらず赤字体質でした。支社長に「来期は支社をどういう風に持っていくのか、赤字解消も含め考えをまとめて方針を固めよと」指示しました。出てきたのは来期予定している仕事に誰を当てるかという人員配置表でした。この体制でやりますというのですが、「これが方針書かよ」と、開いた口が塞がりませんでした。こりゃもうダメだと思いましたが、そうかそうかで終わりにしました。

終業後、渡辺さんを誘って食事をしました。席上渡辺さんに「名古屋支社長に就任して欲しい」とお願いしました。常務取締役という地位も提示しました。渡辺さん曰く、「社長が何か言ってくると思っていました。あの計画は方針書でなく人員配置表ですよね。あの表を見た時、社長の顔つきが変わりましたよ」と話してくれました。高齢だから毎日の勤務より週三日位でゆっくりやれる方がいいとの希望で顧問就任だったのですが、これじゃどうにもならないということを分かっていただき、気持ちが変わったようです。その場で就任を決諾していただきました。

こんなことが続き、大野木、渡辺というマネジメントのできる得難い人材を二人も迎えることができ、名古屋、大阪の赤字体質から抜け出すきっかけになりました。まさに「企業は人なり」を地でいったような出来事でした。

6　名古屋支社─名古屋リース様から受注

名古屋支社では、ロジスティクス、流通、自動車、飲料メーカー等多種に関連した案件を手掛けていましたが、二〇〇八年（平成二十年）、名古屋リースからリース基幹システムの元請け受注に成功しました。

(1) 名古屋リース様より受注

二〇〇七年（平成十九年）春位に渡辺常務がＩＢＭの何かの会合に出席した折、古い友人と出会い、名古屋リース様が基幹システムの再構築を計画している話を小耳に挟んだのがきっかけでした。

即営業に走り出し、先行して二社が営業していることが分かりました。両社共大手の上場企業で、リースに実績のある手強い相手でした。幸いなことに、名古屋リースの情報システムの部長は渡辺常務と顔見知りの方でした。その方に状況をお聞きし、おおかたの現状を聴取することができました。

色々な折衝や打ち合わせ、ヒアリング等々を経て見積もりの提出となりました。三社が提出した見積もりでは、ホロンが一番安かったようです。ですが、これだけでは決まりません。役員は社長の神田さんをはじめ、誰もホロンシステムを知っていません。「どんな会社だ？　ちゃんと開発ができるのか？　今までにリース開発の実績はどれ程あるのか？」等々、色々な懸念が出たそうです。当たり前と言えば当たり前のことです。リース開発の実績、社長の経歴の紹介、東京事務所に常務と取締役の二人が調査兼視察に来社、神田社長以下役員全員を招待しての懇親会等々、可能な限りコミュニケーションを取り、我が社の実態認識を高めてもらう努力をしました。見積金額は、本命のライバルより一億円程安かったようです。

(2) 神田社長の見識と渡辺常務の見識

我が社の見積金額をライバル社が直ぐに嗅ぎ付けて見積書を再提出し、一億円の値引きをしてきたという情報が入りました。皆浮き足立ってうちも再提出した方がいいのではという意見が出ました。その時です、さすが渡辺さんでした。「これが吉と出るか凶と出るか分からないが、見識のある経営者なら怒ると思う。四億円位の見積もりを提出し後から一億円も値引きするなどおかしいと思うはずだ。何故、最初からもっと適切な価格を出してこないのか？　信用できない会社だと神田社長ならそう思うに違いない。だからここは静観して、じっと名古屋リース様の出方を待っている方がいい、動くのはその後だ」と。

結果的にはその通りになったのでした。

(3) 名古屋銀行の取締役会

しかし、これで決着ではありませんでした。親会社の名古屋銀行の承認が必要でした。名古屋銀行の取締役会の席上、神田社長が経緯を説明されたそうです。当然役員の中から色々質問が出たようです。主な質問は、「ホロンシステムという会社は知らないし聞いたこともないが大丈夫か?」というものが多かったようです。次に「社長はどういう人物だ?」ということだったようです。神田社長が、「小林社長は業界では知名度の高い経営コンサルタントで、出版社が発表する日本のオピニオンリーダー五百人の経済・経営部門の中にずっと入っている常連の方で著書も多く、ベストセラー、ロングセラーを多く出しています」と話されたようです。するとオーナーの加藤頭取が、「あ~小林さんか、私も本を読んだことがあるよ」と発言され、その一言で場の雰囲気ががらりと変わって皆が納得して「ホロンシステムで良し」となったと、後で神田社長が話してくれました。ひょんなところで、私の著書が役に立って、今までで最高額の受注を獲得できました。

(4) リースの専門家、田中裕康氏の入社

二〇〇六年(平成十八年)、東京三菱銀行とUFJ銀行が合併して、日本一のメガバンク三菱東京UFJ銀行が誕生しました。この流れで東海銀行の子会社であったセントラルリースの主計室長であった田中裕康氏は、三菱UFJリースに移ることになりました。田中氏はリース

会計の数少ない専門家として、リース事業協会税務会計委員会の副会長を務める程、リース会計に対する造詣が深いことで知られています。他にも国が主導する企業会計基準委員会のリース専門委員として活躍していました。三菱グループに吸収されてもその存在感は重いものでした。しかし、事実上吸収した三菱グループは新しい経理部長を据え、田中氏は三菱サイドの意向で弾き出された格好になったようです。田中氏が退職したという事実を渡辺常務がキャッチして、素晴らしい専門家ですからぜひ田中氏を迎えたらというアドバイスがありました。

渡辺常務と田中氏は昔から親交がありよく知っている間柄とのことで、これはチャンスと、直ぐ田中氏と会う場を設定するよう渡辺常務にお願いしました。

場所は「尾州」という割烹料理屋にしました。全社研修会でお話しして頂いたタカノフーズの社長が名古屋に来られた時必ず寄るという名店で、私も何度かご一緒に食事をしたことがあります。二階の座敷で渡辺常務、田中氏、私の三人で会食をし、入社をお願いしました。大変温厚で物静かな紳士で、いわゆるジェントルマンと呼ぶにふさわしい人物と見て取り、ぜひ入社して欲しいと思いました。他にも一社、前から面倒を見ている会社があり、フルタイムという訳にはいかないというお話でしたが、一年後にはフルタイムで活躍していただくことになりました。

名古屋リース様の基幹システム構築の成功は、田中さんの力が大きかったと思います。それ以後も各社リース会社のコンサルティング、中国向けパッケージの構築と販売促進に大きく貢献していただきました。田中さんのお陰で会社の知名度も上がり、ホロンシステムはリースに強いとの評価が定まったのではと思います。公認会計士が我が社に来訪し、田中さんに教えを請う程ですから、その知見は押して知るべしです。

この際の基幹システム開発のノウハウは、パッケージ商品「リース業務基幹システム」の開発に結びつき、二〇一〇年（平成二十二年）に販売を開始しました。

7　大赤字の反省—品質管理、情報管理への取り組み

リース・クレジット分野への進出によって安定拡大へのきっかけをつかんだ当社ですが、スタッフの開発技量、プロジェクトのマネジメント力が一挙に向上した訳ではありませんでした。トラブルや失敗の中から教訓を得て改善を行い、また、教育や組織的な体制整備を実施することにより、取引先の信頼、案件の採算向上につなげる地道な努力を重ねていったのです。

二〇〇二年（平成十四年）、いくつかのプロジェクトでトラブルが発生しました。特に、日本電子計算株式会社と開発していた日本証券金融基幹システム再構築案件では、トラブルが続出して納期を守れず、取引先に多大のご迷惑を掛けることとなりました。

(1) 日証金基幹システムで大赤字

システム開発の仕事は上手くいっても儲けはそこそこで、失敗するとドカンとマイナスになるという特徴があります。前述した二〇〇二年（平成十四年）に手掛けた日本証券金融基幹システムも、悪い方の典型的な例でした。

トラブルに次ぐトラブルで納期遅れになり、それを取り戻すために残業に次ぐ残業や、技術者の増強及び無償労働供与を余儀なくされ、前年度は一億五千四百万円だった経常利益が二千三十万円に激減する最も大きな要因となりました。他の案件での利益が日証金案件の赤字でぶっ飛び、会社全体で利益が出なかったのです。銀行から「どうしたんですか？」と質問され、「システム開発にはこんなこともありますよ。前期と足し算して二で割って評価して下さい」などと、冗談めかして苦しい言い訳でお茶を濁したものです。

なぜこんなことになったのか、社内で反省会を開き、何度も検討しました。担当した社員もさぞ深く反省したと思います。その後、日証金の別案件でリベンジする機会があり、かなりの利益を出し、同じ担当者を表彰するという嬉しい出来事がありました。前回の失敗を糧に、かなりの挽回を図ってくれました。

(2) トラブル多発で大赤字

この日証金の案件では三〜四カ月間技術者を無償で配置し対応した結果なんとか納品できた

ものの、結果的に大幅な赤字プロジェクトとなり、当社の収益を大きく下押しすることとなったのです。経常利益が二〇〇二年（平成十四年）度二千三十万円に激減（対前年度比▲八三％）下落した要因の一つが、これらトラブル案件対応のためのコスト負担増でした。業容が拡大を続ける中で、開発規模・工数の見積能力、トラブル対応を含めたプロジェクト管理能力・体制が追い付いていなかったのが主原因と言えます。

(3) PMOの設置

こうした事態を重く見て、社内体制の再点検・整備に乗り出しました。二〇〇四年（平成十六年）、社内に品質管理委員会を設立、翌二〇〇五年（平成十七年）には社内の第三者機関であるPMO（プロジェクト・マネジメント・オフィス）へ発展的に改組しました。このPMOは、見積もり・品質標準の策定、プロジェクト基準の策定と進捗管理等の役割を担っています。また、品質向上のためには、システムエンジニアとしての技術・ノウハウの高度化が欠かせません。このため、新人層だけでなく、中堅クラスの各種研修にも力を注ぐこととしました。

(4) Pマークの取得

品質管理に加え、情報管理の強化も進められました。二〇〇三年（平成十五年）、「個人情報の保護に関する法律」が施行されてから間もなくして、TIS様からパートナー企業に「Pマーク」を取得して下さいという案内が届きました。それを持っていないと仕事を出せないことになります、という内容でした。

受注ができなくなっては困るので取得することにしました。二〇〇四年（平成十六年）、「プライバシーマーク（Ｐマーク）」を取得し、さらに二〇〇八年（平成二十年）には、自社の情報セキュリティが確保・維持され、適切に運用されていることを示すＩＳＭＳ（Information Security Management System）の認証を取得しました。Ｐマーク、ＩＳＭＳとも、管理本部が主管して内部監査を行う一方、認証機関による定期審査を受けています。ＰマークもＩＳＭＳも内容的に重複している部分もあり、その部分を統廃合して今日に至っています。定期審査での指摘事項は軽微なことが多く、多少の修正で済んでいます。

8　不況の中でも絶好調

(1) リーマンショックの影響なし

この世界金融危機は、ＩＴ業界にも深刻な不況をもたらしました。

しかし、我が社は前述の通り特需で絶好調でした。小さな会社ですから少し売上が上向けば業績アップにつながり易いのです。その恩恵を充分頂いたことになります。会社は新たな柱が二本立ったので業績安定、利益向上という善の循環となりました。

(2) 九月決算に変更

日本は三月決算の会社が圧倒的に多いのですが、受注産業である建設業とＩＴ企業は九月決算の会社がかなり目立ちます。この頃既に、上場企業はクォーターごとに業績を開示することが義務付けられていました。当社もいずれ上場をと考えていましたので、三月決算を九月決算に変更することにしました。

クォーターごとの業績開示になりますと、三月決算ですと第一クォーターは四月から六月になります。この間は入社して来た新入社員がいまだ教育中で稼ぎがありません。しかし人件費は出ていきますから、赤字になることが多いのです。もしもこの間に新人が従事できる仕事が受注でき多少の利益或いはイーブンパーですと、その期は大体かなりの利益が出ます。上場して第一クォーターが赤字では様にならないということもあり、九月決算に踏み切りました。これなら十月〜十二月の第一クォーターは一年の中で最も利益が多い期間でもあり、ステークホルダーの印象も良いというのが本音でした。二〇〇八年（平成二十年）三月決算から、同年九月決算に変更したのです。この半年間の業績はリース業界の統廃合、会計基準の変更等々の特需で常にフル操業でした。通常一年で稼ぐ利益を半年でカバーするということになり、これは次の二〇〇九年（平成二十一年）の九月決算まで続きました。前述したように藤澤君の業務報告に〝絶好調〟と毎月記載され、プロ野球の中畑氏と同じくホロンの絶好調男となりました。

9　バンネットワークの買収

二〇〇六年（平成十八年）頃、大野木大阪支社長は、京都に本社を持つバンネットワークのオーナー塩月東氏が会社譲渡の意向を持っているとの情報を得ました。従業員七十名、売上高五億円弱、経常利益数百万円程のシステム運用・保守会社でした。大野木支社長の報告では、「今のところどうなるか、状況は不透明です、社長が社員に『六十歳になったら辞める』と宣言をしたという程度のことですから、本当かどうかは分かりません、その程度の情報です」ということでした。運用・保守の業務は継続性が強く、不況時にも強い安定性が期待できます。また、半導体の洗浄装置のメンテナンスという異色の事業も併設している魅力的な会社と判断しました。

(1) 社長も奥様もホロンファンに

早速紹介者を通して社長に面会することにしました。社長の塩月さんは根っからの営業マンで、叩き上げのワンマン社長という印象でした。奥様が専務で経理を仕切り、しっかり財布を握っている感じでした。冒頭、塩月さんが、「二億どっせ。びた一文もマケしまへん！」と声高に言われました。「そうですか」と聞き流し、ホロンの会社内容を説明しました。

塩月さんは私が長らく経営コンサルタントをやっていることに強い興味を示され、会社の経営方針発表会で四十分程講演をして欲しいと頼まれました。

後日、方針発表会に伺うと、会場は若い社員でいっぱいでした。座っている社員の顔つきはホロンと全く違いました。ホロンはどちらかと言えば物静かでおとなしい社員が多いのですが、バンネットの社員の顔は逞しく、活気に溢れている感じで、これは体育会系だなと思いました。表彰式がありましたが、口笛は吹くし、奇声は上げるしで、とても賑やかでこれは鍛え甲斐があると思いました。

(2) 社長と奥様の気持を変える

以降、塩月さんとは仲良くなり、夜の祇園を三年近く飲み歩きました。最初は、「お客様であるインテック様に売りたい」と、社長も奥様も幹部社員も思っていたようで、ほぼ決まりとの感触でした。その後銀行の紹介とか色々あり、競合が当社も含めて四社程になりました。そんなこともあり、塩月さんは前言を翻し、「売値は手取りで二億円だ」と言い出しました。税金が五千万円程になりますので二五％も高くなります。「それはちょっとひどいんじゃない」と私も少々頭にきて、一時休戦状態になりました。三カ月程経ってから塩月さんから「ぜひ会いたい」という電話が入り、再度お会いすることになりました。塩月さんは何のこだわりもなく、今まで通りの全く変わらぬ態度でした。快活で、大ざっぱで、金銭意欲が強く、それなのに金使いが荒いという愉快な人です。そんな人柄に好感を持っていましたから、私にもシコリはありませんでした。塩月さんが、「他社は全て断った。ぜひホロンさんに買って欲しい。ホロンさんに決めたのは社員を一番大切にしてくれる会社だと思ったからだ」と、奥様とも話し合いそういう結論になったと打ち明けてくれました。

私も少し高いが、夫妻の給与が三千六百万円、交際費が八百万円程でしたから、それを入れると四千万円の利益はイケると踏んで了承しました。この間何回も京都に足を運び、「将を射んと欲すれば、まず馬を射よ」の諺通り、奥様には必ずお土産を持参しました。ゴディバのチョコ、赤福、おしゃれなスカーフ等々、これらを選ぶのはなかなか大変でした。

こんなことで、最初はインテックさんだった奥様の気持が段々と緩み、ホロンに傾いていったのではと思います。そんな訳で二〇〇八年（平成二十年）二月、同社の全株式を買い取り、当社の一〇〇%子会社としました。

(3) ホロングループで社員三百名を超える

バンネットワーク買収により、二〇〇八年（平成二十）年度末のグループ総社員数は、三百八名となりました（ホロンシステム二百三十八名、バンネットワーク七十名）。

翌二〇〇九年（平成二十一年）四月、ホロングループは、「開発業務をホロンシステム本体、運用業務をバンネットワークが担う」とする事業分担の明確化を実施しました。この結果、ホロンシステム東京本社で運用業務に従事していた二十六名をバンネットワークに転籍させ、同社の社員数は百名規模となりました。

なお、バンネットワークは二〇一三年（平成二十五年）、ＥＲジャパン株式会社を買収し一〇〇％子会社としました。ＥＲジャパンは小粒ではあるものの、サーバー、ネットワークシステムの障害対応に高い技術と確固たる顧客基盤を有しており、運用・保守業務においてバンネットワークとのシナジー効果の発揮を目指しました。

第3章　新たな挑戦

1　業界変化に対応する

(1) リーマンショック後の業界変化

東京本社においては、リース・クレジット案件、大阪支社は公共・産業案件、名古屋支社は物流・流通案件と地域特性を踏まえた業務展開により、当社の業績は、二〇〇八（平成二十）年に発生した米国の住宅金融バブル崩壊に伴う金融不安（いわゆるリーマンショック）にも関わらず順調に推移しました。しかし、二〇一〇年（平成二十二年）に入るとこの金融不安はさらに深刻化し、実体経済にも悪影響を及ぼし、企業のＩＴ投資は急減しました。

こうした中、当社においても受注減は避けられなくなり、名古屋支社において二〇一〇年（平成二十二年）十八年ぶりに自宅待機三名と、雇用調整助成金の申請を余儀なくされました。さらに、中長期的に見ると、主力としているリース・クレジット業界が成熟期を迎え、加えて業界再編成が進んだことから、同分野に過度に依存することはリスクと見なさざるを得ない状況となってきました。このため、二〇一〇年（平成二十二年）度来、以下の施策を推進しています。

(2) ソフトウェア開発深化への取り組み

二〇一〇年（平成二十二年度の売上高に占めるリース・クレジット案件の比率は、全社で約五割、東京本社では九割近くを占めています。安定成長のためには、他分野の案件獲得が不可欠であると判断。東京本社では、リース・クレジットで培った開発技術や業務ノウハウが比較的活かせ、かつ裾野の大きい金融分野をターゲットとして選定し、銀行・証券・保険業界の案件獲得に取り組み始めました。また、大阪支社では、国家プロジェクトであるマイナンバー制度に関わる開発案件の受託に注力しました。

新規参入の障壁は高いものの、地道な営業努力を重ねる一方、有能な人材の重点投入を行うこととし、また、当該分野の開発経験者を中途採用したことなどにより徐々に実績が積み上がってきました。ゆくゆくは、リース及びクレジットに次ぐ第三の柱の確保を目指しています。

(3) リース開発業務の深化

リース業界のシステム開発需要総量は頭打ちとしても、同業界の開発規模は依然として膨大です。蓄積してきた業務知識、開発技術をさらに高度化し、差別化を図ることができれば、今後も受注額の確保が期待できます。そこで、二〇一〇年（平成二十二年）、リースコンサルティング事業部を立ち上げました。事業部の中心となるのは田中裕康常務執行役員で、当人は前述の通り、リースの専門家です。コンサルティング機能を持つシステム開発会社として顧客開拓の大きな武器となりました。さらに、その知見は、名古屋支社が開発したパッケージ商品「リース基幹システム」の商品化、さらには同商品の中国版へと結実しています。

⑷ グローバル化を念頭に海外展開

現象として顕在化してきた日本経済の成長鈍化と空洞化は今後も避けられず、当社としても海外進出は不可欠と判断し、特にアジアへの展開を模索していました。具体的な検討は二〇〇九年（平成二十一年）の中国進出プロジェクトから始まり、その後タイへの進出につながっています。

「飛び出そう世界がホロンのマーケット」というスローガンが、今後のホロンの成長を握っています。日本は少子高齢化で産業が空洞化して国内だけのビジネスでは成長に限界があります。どうしても、世界を相手にビジネスを展開しなければ成功はあり得ません。当社は、まずアジアでビジネスの基盤をつくることがグローバル化の第一歩と認識しています。そのため、中国からＡＳＥＡＮへと足を延ばしていくことに踏み切りました。大袈裟に言うと、「賽は投げられた」と叫び、ルビコン川を渡って進軍したシーザー位の意気込みでやらないと成功は難しいでしょう。

(5) 中国進出

最初に取り組んだのが中国であり、当初は低コストの中国でシステム開発を行わせるというオフショア事業、すなわち生産拠点として検討を始めました。しかし調査・検討の過程で、中国のリース業界は目覚ましい急成長の真っただ中にあるが、一方で業務を支えるシステム整備が大きく遅れていることが判明。当社の開発したパッケージ商品「リース基幹システム」が日本国内だけではなく中国でも需要があるのではとの感触を得ました。

生産拠点でなく市場としての可能性を追求すべく、二〇〇九年（平成二十一年）十二月、酒井副社長をヘッドに「中国進出プロジェクトチーム」を発足させ、多岐にわたる調査、検討を開始しました。特に注力したのがパッケージ商品の開発です。既に開発済みの国内向け「リース基幹システム」をベースとして、中国のリース会計、法務への適合、ならびに中国リース会社の要望等々を組み入れて地道な作業を実施し、中国語版の完成品が出来上がりました。

(6) 何でもありの中国

二〇一〇年（平成二十二年）、二月二十八日から三月三日にかけ、初めて中国の上海視察に出かけました。NTTデータ様のご協力を得て、日本からオフショアで仕事をしている会社を紹介していただきました。それ以降、一年間位色々と試行錯誤しながら、中国のリース業界の状況を調査しました。その結果、分かったことの主なものは次の通りでした。

①中国でのリース業界は揺籃期にあり、成長率は三〇～四〇％と凄まじい成長ぶりだということ、②銀行から資金を借りると、保証人がいるし、その人にお金のお礼を払わなくてはいけないし、何やかやと金利は二一％位になる、③リースなら、リース会社が認めれば保証人不要だし払う金利も低く、リースは金融そのものだということ。大変驚いたのは、中国では道路工事までもがリースになるということでした。レンタルとリースを混同していること等々でした。

中国一だというリースシステムの開発会社に飛び込みでアポを入れたら、M＆Aでの用件なら訪問ＯＫですとアポが取れました。訪問して話を聞くと、会社を買うか資金援助して欲しい旨の申し入れがありました。年間売上げが日本円で約八千万円でしたので、これで中国ナンバーワンと豪語しているのはおかしいと思いました。何度か上海を訪れている内に、上海リース協会という団体があることを知り、そこにアプローチしました。

これはいい相手を見つけたと業務提携の交渉をしましたが、どうも話が噛み合わず結局流れてしまいました。一年位後に分かったのですが、その協会はニセの協会で、副会長と称していた人物が、リース協会の看板を自分が経営している会社に掲げていたのでした。本人は本物の協会の九人もいる副会長の一人でもあったのです。最初の会合で上海リース協会の説明をしてくれた専務理事は本物の協会の専務理事でありましたから、これはグルなのかと勘繰ったりしました。とにかく、訪問するごとに驚かされることが多く、「中国は何でもあり」とは聞いていましたが、ニセ協会まであるとはと絶句しました。中国では「相手を騙すより、騙される方が悪い」という価値観があるようです。そんなことで、上海でのパートナー探しは上手くいかず一時中断しました。

その後、現地に詳しく人脈豊富なコンサルティング会社（フェイス社）の協力を得て、中国リース企業向けの営業活動を推進しました。

(7) 北京に切り替えフェイス社と連携

そんな訳で、上海で接触した会社は色々ありましたが、どれも思うようにはいかず上海での活動は頓挫し、しばらくそのままとなってしまいました。色々検討した結果、やはり大型リース会社は北京に集まっていることが分かり、上海より北京の方が将来の取引等を考えるとビジネスチャンスが多いと判断し、北京を目指すこととしました。

そんなこんなで時間が経ちましたが、しばらくして、酒井君が加入している東京の業界団体（ＮＳＡ）を通じて親しくしている企業の中に、中国でコンサルティングをしている会社があることが分かりました。「フェイス社」といい、中国のＮＨＫに当たる中央電視台（ＣＣＴＶ）に字幕システムを納入した実績もあるということで、同社との連携が始まりました。

コンサルティングを担当していただいた薄田さんは中国語がペラペラで、中国人の奥様を持ち、二十年以上も中国と関わっているという中国の事情に精通した方です。もちろん人脈も広く、フェイス社の薄田様のお陰で色々なキーマンを紹介していただき、パッケージも一層中国のニーズに近づけ、販売先のコネクションも広がり、三カ月位でトライアル盤を七～八社がテストしているという段階までようやくこぎ着けました。

後は販売実績を出すだけですが、これがなかなか難しいのです。と言うのは、お客様のリース会社は、電力や鉄鋼といった超大型の国営企業の子会社で、設立一～二年の会社というところが多く、扱う品目は航空機のみとか船舶のみというケースですから、言うならば単品の商売でリースシステムは今のところ必要ではないが、後一～二年して扱い品目が多くなれば当然必要になり、その時点で導入を検討するというケースが多く、今直ぐ欲しいというケースは稀でした。

すなわち、ホロンのリースシステムには強い関心と興味があるが、今どうしても必要という訳ではないということで、営業努力が直ちに成果につながらない悩みがありました。しかし、一～二年もすれば必ずニーズが販売につながるものと信じていました。保科、田中の両名が現地で必死で頑張っていますので、必ず成功して欲しいと念じていました。

2 タイ進出

(1) タイに狙いを定める

成長著しいASEANにもターゲットとして進出機会を探っていました。二〇一三年（平成二十五年）、タイのバンコクでセキュリティ会社「ミューコム」を経営している菰田社長の知己を得て、一挙にタイ進出に向け動きました。タイには、自動車関連を中心に数千社の日系企業が進出しています。これら日系企業のシステム開発は、基幹・大型システムこそ本社・親会社主導であるものの、小型・ローカルシステムは現地で対応するのが一般的であることから、相当の需要が見込まれると判断しました。

(2) 「ミューコム社」菰田社長との出会い

私がコンサルタントとして飛び回っていた時に知り合った船津君がタイから帰国し、久し振りに話をする機会があり、その時、「うちの会社もタイに出る予定なのだが、タイで知り合いのITの会社はある?」と聞いたところ、セキュリティ会社「ミューコム」様の菰田社長を紹介してくれました。二〇〇一年（平成十三年）八月に菰田社長とタイでお会いすることになりました。その時はちょっとした行き違いがありお会いできず、後日東京の我が社に来ていただきました。四十歳と大変若く才気煥発な方で、二十九歳でセキュリティ会社「シンエイ」を立ち上げたそうです。大阪大学を出てオックスフォード大学で心理学を学び、その後ＩＢＭに入社された由。海外で活躍している若手日本人経営者として、日経新聞の雑誌「日経トップリーダー」でも紹介された大変有能な方です。話題も豊富で正に大阪人らしい商売の目くばりが利いた方でした。私とは年齢差が三十七歳もありましたが、全くそれを感じさせない方で、すっかり意気投合してしまいました。

話もトントン拍子に進んで、この方と一緒なら必ず成功するという確信を持ってタイ進出を決断しました。タイの商習慣、法律、労働問題、社員の扱い方等々全ての面で私達が知らないことを教えていただき大変ありがたく思っています。シンエイ様の仕事も会社を設立する前に「お土産です」と言って受注していただきました。

シンエイ様はミューコム様のお客様ですが、別会社であり、私達は大船に乗ったような安心感がありましたが、決してそれに甘んじてはいけないと心を引き締めました。

タイは人々も親日的ですし、何より日本から自動車の部品メーカーが数多く進出していますから、工業団地の日本工場を対象にビジネスを展開することにしました。タイ語が分からなくても日本人がいる訳ですから、駐在する保科君も中国などよりは安心感があるのではと思っております。

二〇一四年（平成二十六年）四月、資本金百万バーツ（日本円三百三十万円）で「ホロンシステム（タイランド）カンパニー」をバンコクに設立しました。初代駐在員として保科君が赴任しました。タイ国投資委員会（ＢＯＩ）より外資優遇制度の適用認定を受けています。

⑶ ＢＯＩの審査

社長が必ず出席しなければならないというので、ＢＯＩ審査のためにタイへ飛びました。ＢＯＩは（Board of Investment）とはタイ国投資委員会の略で、外国企業がその審査に通ると、就労許可、ビザ取得の円滑化、最大八年間の法人税免除、その他税制上、非税制上の様々な便宜が付与されます。ですから、多少緊張して審査に臨みました。

コンサルタントの井内さんが通訳兼アドバイスをして下さるとのことで、ご一緒して頂きました。井内さんが、「審査といっても、担当者がこの案件を委員会に上程し、委員の方々から質問が出た時に、きちんと返事ができる下準備のための審査のようなものです」と教えてくれました。

担当者は三十歳位の女性で、井内さんとは顔馴染みのようでした。審査は女性と井内さんの間で実施され、私と保科君が答える場面はほとんどありませんでした。「こんな審査なら何も私がわざわざ出張してタイへ来る必要などなかったんじゃないか?」と思うほど呆気ないものでした。帰り道で井内さんに「社長がわざわざ来る必要があるんですか?」と尋ねると、「それが決まりなんでどうすることもできないんです。顔見せで、本人を確認するということだと思います。本当は代行で済めば一番いいんですがね」と、ボヤいていました。何か拍子抜けした一泊二日のタイ出張となってしまいました。

第一号の受注は、「ミューコム」社の紹介による「シンエイハイテック」社の製品精度チェックシステム案件。今後は、タイ国内にとどまることなく、ミャンマー、マレーシア、ベトナム、シンガポール、インドネシア、フィリピンなど、ＡＳＥＡＮ諸国の需要を掘り起こす拠点とすることを目指しました。

3　新規事業の展開

(1) アマゾン通販の立ち上げ

当社は従来からシステム開発会社の枠にとらわれず、インターネットカフェ（一九九五年〈平成七年〉）、インターネット通信販売（一九九六年〈平成八年〉）、地域スポーツクラブ育成事業「クラブあいネット」（二〇〇一年〈平成十三年〉）など各種の新規事業に取り組んできました。いずれも専門の人材不足と知見に乏しく、本業が多忙になると人をそちらの方へシフトするため、本腰が入らず中途半端で終わり、成功には至りませんでした。

二〇一〇年（平成二十二年）、新規事業が立ち上がりました。矢澤浩充君（当時・北陸支社長）の発案によるアマゾンとの電子商取引事業です。二〇〇八年（平成二十年）入社の矢澤君は、それまで長く百貨店「松屋」に勤め、流通には精通していました。時代の先端を走るアマゾンのバイヤーに知己があり、その話の中から、アマゾンへの商品提供を考えているものの、ネットの技術、商品選択のノウハウが不足している企業が多数存在することが判明。これらメーカーから当社が商品を一括して仕入れてアマゾンに売り、アマゾンから回収した代金を各メーカーに振り込むことで若干のマージンを頂くというビジネスです。このほか、メーカーが不得意なコンピュータ画面の商品登録や写真、キャッチコピー等も手掛けています。これはコンピュータの知見、マーケティング能力、広告宣伝力といった三つの機能を持たないとできないビジネスで、今のところ当社がオンリーワン企業です。

当社の持つシステム開発のノウハウと、矢澤の持つ流通の知見のマーケティング能力を融合させるインターネット通販における新たなビジネスモデルであり、これを聞いた小林社長は即座にゴーサインを出し精力的に後押しをしました。事業開始後三年目に売上高は年四億円に迫り、黒字転換を果たしています。

⑵ オンリーワンの電子商社

矢澤君が入社したのは二〇〇八年（平成二十年）です。私の著者を読んで、「ぜひ入社したい」

と会社にやってきました。ＩＴのことは知識も経験もないから無理だと思いましたが、デパートの「松屋」さんで仕入統括長をしていたから、それなりの商才があると考え入社してもらいました。

デパートにおける仕入統括長というポジションは、サラリーマンとして上がりのポストだそうで、その上は役員になると聞いていました。当初矢澤君には人事関係の仕事をしてもらい、一時金沢で北陸支社長を務めてもらいました。月に一度は東京に戻っていて、そんな折、友人がアマゾンのバイヤーをしているというので会いに行ったそうです。その時友人から、「アマゾンは小さなメーカーを沢山抱えていて、そこから商品を仕入れ、コンピュータ通販で売って、仕入代金をメーカーに支払っている。この数が多く事務処理も手が掛かり煩雑で大変だ。これをなんとかホロンさんでやってもらえないか?」という相談を受けたのです。

すなわちビジネスモデルとしては、数多くのメーカーの商品を一括してホロンが仕入れる。商品はアマゾンの倉庫にメーカーから直送され検収後納品となります。検収済の商品の品名数量はホロンに伝えられます。アマゾンはその商品に利益を上乗せして売るわけです。もちろん何が売れたか、品名、数量がホロンにフィードバックされます。ホロンは納品済の商品について品名数量をチェックしてアマゾンに請求します。アマゾンは請求書をチェックして代金を支払います。原則として一度検収納品されたら返品はありません。ホロンは入金した金額を若干の手数料を差し引いてメーカーに支払います。ホロンが一括して代行しますから、アマゾンは煩雑で多数のメーカーを相手にすることなく、手数が省けるメリットがあるのです。

ホロンは手数料を受け取るだけでなく、コンピュータに商品を登録したり、キャッチコピーを書いて付けたり、仕様を記載したりする広告宣伝の仕事もしています。また、アマゾンの依頼でユニークな商品を持っているメーカーを発掘するマーケティングも担当しています。すなわち、電子商社として、広告宣伝の機能、マーケティングの機能、コンピュータの知識や操作機能の三つを持っていないとこのビジネスモデルの運営はできないのです。そういう意味で当社はオンリーワンの「電子商社」と言ってもいいのでしょう。

平成二十二年に立ち上げてから急成長し、二〇一六年（平成二十八年）九月の決算では、目標売上高七億円のミッションに達成する努力をしました。コンピュータ通販は休日、祝日もなく夜中でも年中働いていて売上げを上げています。今や、小売業の中で占める売上比率もデパートの売上を抜いています。僻地の方々、買物難民と言われる人達、高齢者の利用がさらに進むでしょう。もう十年もすればパソコンを操作できない人はいなくなるでしょうから、コンピュータ通販はさらなる発展を遂げるに違いありません。

(3) ボルダリングジム「Fish & Birdのオープン」

次に手掛けた事業が「ボルダリング」ジムの経営です。フリークライミングの一種である「ボルダリング」は、日本でも流行の兆しを見せている屋内スポーツです。二〇二〇年東京オリンピックの最後の競技七つの候補にも入り一躍脚光を浴びました。二〇一三年（平成二十五年）十月、株式会社「フィッシュアンドバード（F&B）」を設立、この事業で実績のある「ライノ&バード」社に運営を委託し、二〇一四年（平成二十六年）一月から東京の東陽町で事業を開始しました。

(4) 社員の提案でボルダリングを

平成二十五年の七月頃、ぜひボルダリングジムのビジネスをやりたいという提案が、矢澤、太田、山下三君の発案で私に相談がありました。太田、山下両君がアフターファイブでボルダリングジムに通っていて、若い人が沢山楽しくやっているのでのめり込んでいって、これはビジネスになるんじゃないかと矢澤君と相談して、私に話を持ち込んだようです。

(5) 東京オリンピックでボルダリングが候補に

競技種目の候補七つの中に入っていたことは知っていました。まさか選ばれるとは思っていませんでした。当時はまだマイナー競技でしたから。最近はテレビでもたびたび紹介されていますし、人気のスポーツになっています。当時ジムを造るのにそれ程投資額もかからないので、即決ゴーサインを出しました。でもノウハウも知見もゼロですから、どうやって進めていくのかが大問題です。どこかと手を組まないと上手くいかないのではとアドバイスをしました。

「私がどこか探してみます」と矢澤君が答え、一週間程後に「ライノ＆バード」という五年程前からジムをやっている社長の藤枝さんを連れてきました。藤枝さんは年も若く、東京芸大美術学部建築科を出ています。ボルダリングジムのオーナーと言うより、芸術家的な雰囲気のある好青年でした。業界では既に有名人で、知識、経験も充分ということで手を組むことにしました。

それから場所探しが始まって、オープンまで約半年かかり、「フィッシュアンドバード」名のジムをオープンさせました。二〇一四年（平成二十六年）一月十六日です。設備的には、オープン前日に世界チャンピオンや日本チャンピオン、その他ボルダリングの関係者の方々に集まって登っていただきましたが、評価としてはその時点で〝日本一の設備〟とのことでした。

これら新規事業は、本業のシステム開発とは直接結びつかないものの、ＩＴの技術が応用できるだけでなく、当社の活性化にも大いに寄与しています。

⑹ 誰も知らない起業の本音

ボルダリングジムをオープンして以来、よく尋ねられるのは、「全くＩＴとは関係ないボルダリングをどうしてやったんですか？　しかも社長の即決で決まったそうですが……」という疑問です。私がジムをやりたいという話を聞いた時、一瞬の内に頭の中を駆け巡って閃きは、「これは事業としても面白いが、二十年計画で進めているビッグデータとセキュリティ関連ビジネスの確立に役立つ」と思ったからです。

ジムを訪れる人は年間約一万八千人程です。この人達から色々な情報収集ができます。それを分析すると、曜日ごと、時間帯ごとの入場数が分かります。では空いている時間帯にお客さんを呼び込むには何をやったらいいかが検討課題になります。このように色々な角度から情報分析をすることにより、会員を増やす方法、退会する会員の防止策、お客を呼び込むイベント等々、その他数限りない経営施策が考えられます。すなわち、将来的には「ビッグデータを分析検討してお客様にサービスをする訓練」の場所になります。

ジムを十カ所つくると、年間約十八万人の来場者があります。この人達からの情報量はビッグデータとまではいきませんが、中位の量のデータですから、分析等を勉強する訓練には丁度手頃だと考えた訳です。そんな考えが一瞬の内に閃いたので即決した訳です。それと、その時は考えていなかったのですが、ボルダリングの愛好者が社内でも増えていて、福利厚生施設の役割も果たしています。システム開発の現場はストレスの多い職場ですから、格好のストレス発散の場にもなっているようです。

(7) クギ師の技をコンピュータ化

ボルダリングの壁には沢山の穴が開いていて、ホルダーという手や足を掛けて登る器具が取り付けられています。丁度パチンコ台の釘穴と同じです。パチンコの場合、クギ師と呼ばれている専門家がいて、クギを調整して玉の出を多くしたり少なくしたりしています。

ボルダリングもコースを設定する専門の技術やノウハウを持った人がいて、当社の場合ですと月に一回コース設定を変え、難しくしたり新しい試みを試したり、易しくしたりと、登る人が興味を持つようにコースの設定に変化を持たせています。この設定用の穴と手や足でつかまったり、支えたりする器具を全てコンピュータに覚えさせ、どんなコースをホルダー設定のプロがやったかを全てコンピュータに入力すれば、年十二回行ったコース変更が蓄積されます。この蓄積が多くなる程、コンピュータ上でコース設定の変更を試行錯誤すれば次第にホルダー設定はコンピュータで自在に変化させ新しいコース設定が可能だと考え、当社はコンピュータ会社なのだからそれくらいのことは考えろよと担当者には言っています。そんなことムリですよ、と呟いているかも知れませんが。

ちなみに、ホルダー設定者のプロの料金は当時一人一日三万円位と聞いておりました。当社ですと四人がかりで二日かかるそうですから、もしコンピュータ化できれば一年間で約二百八十八万円のコスト削減となり、利益に上乗せされます。もしジムが十店舗になるとざっと二千八百八十万円ものコストダウンが可能となります。売上げを伸ばしコストを下げる努力は、常に考え実行しなければなりません。

「塵も積もれば山となる」――正にその通りだと思います。

第4章　未来に向かっての挑戦

1　創業二十五周年を祝う

(1) 創業二十五周年を台北で

二〇一三年（平成二十五年）五月二十三日、創立二十五周年を迎えた当社は、その記念事業として本社移転と、記念式典を兼ねて台北旅行を実施しました。

次の二十年間に世の中は大きく変貌するでしょう。その変化に挑戦すべく、第二創業期として新たな出発を始めないと成長繁栄は望めないでしょう。変化に挑戦し、自ら変化することこそ、生き残り成長繁栄する道だと、心に深く刻む式典でした。

(2) 女占い師に沸く

二〇一三年（平成二十五年）九月十四日、台北のシェラトンホテルで会社創立二十五周年の式典が行われ、翌日の午前中に、映画「千と千尋の神隠し」のモデル地となった、台北北部の山間《やまあい》にある「九份《ジョウフェン》」を訪れました。午後は藤宮さんの発案で、マッサージと占いに出かけました。この女占い師さんは世界的に有名な人だとのこと。台湾の国会で台湾経済の先行きを占い、演説したそうです。

国会で演説した占い師は世界初ということで、日本の芸能人も沢山訪れているようで写真がいっぱい貼ってありました。藤宮さん、酒井君、私とお目当ての占い師に見て頂くことになり、順番を待っていました。私の番がきたので椅子から立ち上がり彼女の方へ歩み寄りました。すると突然、彼女が私の顔を見るなり立ち上り大声で、「あなた、百まで生きるよ！」と興奮した声で叫んだのです。一瞬呆気にとられてしまいました。聞いていた藤宮さんはホーッと一息つき、「凄いね」と呟きました。

酒井君の番になると彼女は、「あなた、八十二歳まで大丈夫よ……」と言っている声が聞こえてきました。彼は少ししょげたような顔つきで出てきましたが、「社長の葬儀委員長を私がやろうと思っていたのに、これじゃ社長が私の葬儀委員長ですね」というのが第一声でした。そこでまた、どっと沸きました。藤宮さんはどうも何とも言われなかったようです。「あえて何歳まで生きるか聞かなかった」と言っていましたから。そんな一幕もあり楽しい一時でした。彼女は最年長の私に花を持たせたのでしょう。商売上手な占い師さんでした。

(3) 本社ビル移転

当社は、二〇〇一年（平成十三年）の東京支社時代からヒューリック平河町ビルに入居していましたが、二つのフロアに分散していたため効率性に難点があり、二十五周年を契機により大型ビルの三番町東急ビルに移転しました。このビルは竣工時に東京ビル五十選に入っています。また二〇一三年（平成二十五年）九月、二泊三日の旅程で台北への記念旅行に行きました。百八十三名が参加して、観光、飲食を楽しむ一方、九月十四日シェラトン台北ホテルにおいて、厳粛な中にも和気藹々の内に二十五周年記念式典を挙行しました。これを「第二創業期」と名付け、短期、中期、長期に区分した以下のビジョンを打ち出しています。

(4) 二〇一一年五カ年計画策定

すなわち、グループ売上高五十億円の達成であり、このためシステム開発事業における増収、アマゾンWEB事業の年間売上高七億円達成、十二～十五億円の売上げのある会社のM&Aによる規模拡大の施策を実施。この計画はM&Aが成功するか否かにかかっています。相手があることですから運も大切で、今色々と声をかけ案件を物色していますが、景気が多少好転し、売り案件が少なくなっています。

(5) 〈中期ビジョン〉十年後を目標
グローバル化、すなわち海外事業展開の本格化と収益化

中国事業の収益化とタイをベースとしたASEAN諸国での開発業務の推進です。中国は難

しい国ですからなかなか思うようにいきませんが、現在最終の詰めの段階にきていると思います。ここからが大変で少し時間がかかるかも知れません。タイの方は色々商談もあり、展開があるかも知れません。当社の対応が適切でスピーディーなら、結果も付いてくると思います。

(6)〔長期ビジョン〕二十年後を目途 ビックデータ、セキュリティ関連事業の開花

すなわち、事業開発室による地道な人材育成とノウハウの習得、先行企業との提携、買収。今のところ確たるものはありませんが、この戦略に誤りはないと確信しています。チームが二十人になった時までにどんな展開ができているかで、それ以降の成功の可否が窺えると考えています。

(7)成熟化したリースとクレジット

我が社の看板メニューは、リースシステムとクレジットシステムの構築にあります。どちらも長年にわたりノウハウを積み上げ、経験を積んできましたので、他社に負けることはありません。しかし、いずれも成熟産業となり、高い成長性は望めません。そこで必要なのは成長性の高い第三の柱になるビジネスです。手っ取り早いのは臨接分野の銀行・証券・保険業界での展開です。

しかし、この業界は先発会社ががっちり入り込んでいて、それを崩して参入するのは難しく、

次の柱としては充分だとは考えられません。当座はそれでいいのですが、二十年先を考えると大きな柱となるビジネスではないと考えています。そこで、二十年先はビッグデータとセキュリティに関連するビジネスに的を絞って、新しいビジネスを創り出したいと考えています。「関連するビジネス」というフレーズが実は大変意味深なのを読み取って下さい。

少し具体的な話をしますと、会社の情報システム構築は、今後スクラッチ開発〈注〉は大きく減退すると考えられます。色々な既存パッケージを組み合わせて一つのシステムを創る技術、すなわちハンドメイドから組み立てメイドに移っていくと考えられます。ビッグデータもセキュリティも部品として組み立て、安く、早く、簡単に効率的なシステムを立ち上げるという技術を持った会社が成長株になると思っています。

そんな会社を目指すべく、新組織では事業開発室を新しく設け、平成二十六年入社の新人の中から四人を選んで、前述のスペシャリストに育て上げようとしています。今後毎年四人位の新人を投入し、まずは二十人のチームをつくりたいと考えています。「新しい酒は新しい革袋に盛れ」との諺の通り、多忙で少し頭が固くなった旧人ではなく、フレッシュな新人を中心に二十年後のビジネスを展開することにしました。この企画が果たして上手くいくか、室長の近田君の手腕も見どころだと思っています。二十年後には新人も四十代となり正に会社を背負って立つ人材に成長して欲しいと願っています。

上記のビジョン達成のため、二〇一四年（平成二十六年）四月、創業以来最大となる組織、人事体制改革を行いました。組織面においては、東京、大阪といった拠点別の組織を、営業部門を統合した上で事業分野別の組織に組み替えました。事業部ごとの専門性の発揮と、案件発掘力の増強を目指した改革です。また、海外事業室とビッグデータ・セキュリティビジネスを主管する事業開発室を新設し、中長期ビジョンの達成に向けた体制づくりを行いました。

一方、人事面においては、二十一にのぼる「ユニット」という組織単位を新設し、その「ユニット長」に若手リーダー層を抜擢しました。単数または複数のプロジェクトを束ねる「ユニット長」は、プロジェクトの遂行から予算の執行、営業開拓まで幅広い権限と責任を有します。登用された「ユニット長」には、「第二創業期」を担う次世代の経営幹部に成長することが期待されています。

⑻ 女性初の管理職（ユニット長に鈴木さん）

今回のユニット長に女子社員では初めての役職者がでました。鈴木亜由美さんです。会社創立二十周年記念式典はランチクルーズで、船で揺られながらの式典でした。私のテーブルに鈴木さんが同席となり、「今、どんな仕事をしているの？」と聞くと「○○の開発ですが、リーダー不在のチームでリーダーを狙っているんです」と、目をキラキラさせながら話してくれま

〈注〉【スクラッチ開発】＝既存のパッケージを使用せず、ゼロからシステム開発を進める手法。

した。「オーッ、なかなかやるな」と感心したことを覚えています。

それから五年、今回ユニット長に就任が決まり、女子の管理職第一号となりました。女子社員の代表としても、頑張って欲しいと思っています。ほかの女子社員も、ぜひ鈴木さんに続いて管理職への昇進を目指して欲しいものです。

しめくくり

1　創立二十五周年からの六年半

台北で会社創業二十五周年祝賀式を挙行してから早十年が過ぎ、この十年間に会社も大きく変貌しました。

前半の六年半は色々手掛けた新規事業、化粧品を中心にしたアマゾンでの通販が担当者二人で一カ月の売上高が四千万円以上になり高利益で会社に貢献しましたが、仕入先のメーカーの法的問題で商品提供が不可となり、独自での化粧品開発の継続となりましたが、ノウハウ不足で売上げがガタ落ちとなり傷の小さい内に店仕舞いしました。電子商取引もアマゾンの親しかった仕入担当の方が転職し、次の新しい仕入担当者が三人も次々と変わり、それぞれに色々な口実で利益を要求され、これでは赤字で儲からないと取引を中止する会社が多くなり、ビジネスを維持できなくなり撤退しました。ボルダリングも最初のジムを出した時は都内に十軒位しか店舗がありませんでしたが、二軒目がオープンした時には雨後の竹の子の如く店が増え、過当競争が続きました。オープン当初は大繁盛でしたが、二年目の後半からは振るわず、赤字が続きました。これは初期投資のミスでした。二軒目として賃借したビルの地下は定期借地権付物件で十年間は契約解除ができず、一軒目と二軒の合算でわずかの利益しか上がらなくなり、一軒目の店は売却、二軒目の店は残り七年分の賃借料を支払い解約し引き上げました。一軒目の店は売却条件として、「我が社の社員の福利厚生施設とし、社員が無料で使用できる」としましたので今でも利用している社員がかなりいます。

そんな訳で会社にとってはかなり利益を挙げてくれましたが、時が経つと共にマイナスになり閉店しました。しかし、本業が好調で赤字を吸収しかつ増収増益を維持しました。そんな訳で波乱の六年半でしたが、赤字と戦うというい経験になりました。そして金融・証券の業界に進出が成功し、今や主力事業に成長しつつあります。

2　コロナのパンデミック三年半

後半の三年半は正に企業活動停止の冬眠の時でした。二〇二〇年（令和二年）一月十六日にコロナの感染者第一号の方が日本で確認されました。当時私は三カ月位で収まるのではないかと軽く考えていました。八月に夏休みを取ってイタリア縦断の家族旅行を計画して、スペイン、ポルトガルにも寄ってみたいと飛行機やホテルを予約していましたから。私にとっては人生最後の海外旅行になるかも知れないと思っていました。それが三年半も経ってようやく元の日常に戻りつつあります。当初は風邪の一種だろうと思っていて、パンデミックの感染症になる等と夢にも思っていませんでした。

コロナ禍はご承知のように、日本のみならず世界中の企業経営に強烈なショックを与えました。正にパンデミックそのものでした。我が社は丁度二〇二〇年（令和二年）からスタートする予定だった有望な新規事業がありました。一つはＥＲＰ（Enterprise〈企業〉Resource〈資源〉Planning〈計画〉の略）パッケージの全国展開です。これはタイのシムレックス社の古賀社長が一年かけて開発したパッケージで、生産管理を主としながらも経理とも連携できる国際会計基準を満たしたパッケージです。開発した古賀社長は日本の大企業で生産管理の部長を長年務め、生産管理研究所での研究員もしておられ、タイで起業されました。現地でＥＲＰのシステムを探したが中途半端な物が多いと、ご自分で一年かけて開発されました。

五年間で日本から進出した会社も含め百セットの販売実績があります。主にタイへ進出している日本企業、地元企業、インドネシアの企業、面白い所では会計事務所等々です。我が社とタイで知り合って日本での総代理店をお願いし、丁度二〇二〇年（令和二年）の一月十二日に社長が当社にお越し頂き総代理店権の承認を快諾して頂きました。

このＥＲＰパッケージは、①導入期間三カ月、②基本開発料金一千万円、③ノンカスタマイズ九十七％という優れ物です。コロナのため三年半営業活動凍結となりましたが、ようやくお蔵入りが解除となり期待の事業です。

二つ目はクラウドを使った厚労省が給付する助成金の申請書を自動的に作成するシステムを開発し、主に社労士さんの事務削減のサービスです。申請書の作成は複雑で経験の浅い社労士さんでは作成できないレベルの書類です。このシステム開発の投資開発に一年かけ、今期二〇二四年（令和六年）九月決算には黒字化が見込まれています。損益分岐点売上高をオーバーすると、そのオーバー分の二分の一が経常利益となる優れ物で、上場の目玉になるかも知れません。これはコロナ禍でもＷＥＢでの営業活動が可能でしたので、今期に黒字化するのが楽しみです。

三つ目は岡山大学とのガン共同研究です。ガンの元になる十個のタンパク質は既に特定し、転移のメカニズムの発生防止策等の研究が進んでいて、後二年位で特許申請となります。この特許を中心としてビジネスプランの企画検討を通じ、ビジネスモデルを確定し事業展開の予定です。まだ先の事で期待は大ですが、吉と出るか凶と出るかは予断を許しません。成功を念願して祈るしかありませんが楽しみな新規事業です。このような新規事業は、本業が増収増益を続けているからこそできる訳ですが、その元はこの約二十年間赤字作番が出ないことです。それだけ技術とマネジメントが頂点に達する程レベルアップができた証拠だと思っています。

3 会長と社長の役割分担

私は二〇二〇年（令和二年）一月元旦に八十三歳となり、当日付で社長の座を長男真一郎にバトンタッチし、代表取締役会長に就任しました。そして会長の役割と社長の役割分担を特定して負荷を背負うことにしました。すなわち、会長の役割は三十年先の会社のあるべき姿を明確にし、三十年後の会社成長と繁栄を目指すことです。いわば「三十年先のビジョン」を想定し、その基礎を築くことです。

社長の役割は現状のビジネスを拡充する五年〜十年間の戦略を考え実行することです（赤字の事業の整理、新規事業、社員の健康管理等々）。以下三十年後の世の変化を想定した三十年後のビジョンを簡単に述べてみましょう。

三十年後のビジョン

三十年後の世の中の変化は、人口減少で一億人切れになるかも知れないと予測されています。高齢化が進み、出生率が悪化し、結婚しない人が多くなります。そして独りぼっちの身内のない高齢者が増大します。百歳以上の方が今は九万人もおり、そのうち八八%が女性です。高齢者で独りぼっちの方は、精神的にも身体的にも誰かに支えてもらわないと生活できないケースが多くなり、人材不足で人の手で全ての高齢者を支えることは不可能です。

そこで人間のパートナーになるのはロボットです。我が社の三十年後の姿は、ロボットの組立てメーカーです。今後ＡＩを使った色々な開発が実施され、その産物を選んで、癒やし、介護、日常生活支援のロボットを世に送り出すことです。その道のりには三十年以上かかるかも知れませんが、今いる技術屋をまずはＡＩの技術も熟知した技術者に育成し、次にＡＩコンサルができる技術集団を育成します。これにより二刀流の技術者に変身させ、ＡＩによりプログラムが自動作成され仕事が減少する分をＡＩプランナーとして活躍すれば、失った仕事を穴埋めして、さらにプラスの仕事ができると思います。

この二刀流技術者に仕立てるというプランは、十～十五年位である程度のレベルまでいくと思います。同時にロボット研究に着手して、前述の三種ロボットの研究をスタートをさせます。

そのための会長の仕事は、ＡＩ研修を企画して、ＡＩ勉強の気運を社内に高めることです。既に会長研修でＡＩを勉強するよう要望しています。

将来的にはシステム開発の仕事がＡＩに取って代わられるという危機感が広まり、ＡＩの勉強をする人が増え、ＡＩの検定試験に合格した者が既に何人かおります。株式上場後はさらにＡＩベンチャー企業との提携等やＭ＆Ａ等でＡＩの技術者が急速に増え、我が社の第三番目の柱になるやも知れません。以上、今後の流れは次の三ポイントに絞られ、それを実行することです。

①上場五年～十年後までにＡＩコンサルタント会社の設立とＡＩ技術者の育成
②同時にロボット開発研究の具体的な着手
③三十年後までに三種のロボット開発（ロボットの派遣会社に変身の可能性もあり）

これが実現すれば我が社の将来は大きく広がります。その時私は既に故人となっていますから、天上界から「ヤッタぜブラボー！」と叫んでいるでしょう。

創業二十五年に計画したビッグデータやセキュリティのビジネスに代わって、金融・証券業界への参入の方が技術的に積み上げたノウハウが応用し易く、その分野への参入に成功しました。今はその分野が第三の柱となりつつあります。そしてぜひともロボット開発に成功したいと願っています。

【第三部】エピローグ編

目次

1　エピローグ

我が社の三十年先のあるべき姿は、独りぼっちで要介護の高齢者を中心に寄り添い、人生の最後を安らかに送り出すヒューマンロボットメーカーに変身することです。人口減少で三十年先はもはや病める人に人が寄り添える時代は終わり、ヒューマンロボットがパートナーとして活躍する時代になっているでしょう。

2　戦後の復興、高度成長そして第一次オイルショックによる経済の低迷

日本は一九四五年（昭和二十年）に戦争が終わってから戦後の復興を成し遂げ、農業国から工業国への脱皮に成功し、一九五六年（昭和三十一年）の経済白書に「もはや戦後ではない」と高らかに復興の終わりを謳い上げ、次に始まる高度経済成長、すなわち農業国から工業国への脱皮が進みつつあるとの宣言をしたのです。

そして一九六〇年（昭和三十五年）に新任の池田総理大臣が「所得倍増計画」を掲げて、日本の高度経済成長がスタートしました。その驚異的な経済成長は、一九七三年（昭和四十八年）の「第一次オイルショック」まで十三年間も続きました。しかしそれ以降は低成長が続き、GDPは世界二位から、今や中国、ドイツにも抜かれ四位に甘んじています（一人当たりのGDPは世界三十八位）。これは「失われた三十年間」ともよく言われています。コロナ禍の三年半をようやく抜け出し、二〇二四年（令和六年）には物価高を抜く賃金の上昇が五％〜七％となり、ようやく日本経済活性化の予兆が感じられるようになりました。

3　三十年先日本の人々の生活実態は大変貌

⑴ 人口の急激な減少

現在、日本の人口は約一億二千万人と言われていますが、三十年先には一億人を割ることは確実で、八千万人台か、下手をすると七千万人台になるのではと危惧されています。今は百歳以上の方が九万五千人（内女性八八％）も存在しています。三十年先は高齢者がもっと増えるでしょう。既に今も少子高齢化が急速に進んでいます。

(2) 独りぼっちの身寄りのない人が増加

三十年先には総人口の四〇%位が六十五歳以上の後期高齢者で占められるだろうと言われています。そして老若男女を問わず身寄りのない人が増加します。結婚しない人、しても子供をつくらない人、離婚して独りぼっちになった人、連れ合いに先だたれて独りぼっちの人など様々です。その人達が総人口の何割を占めるか予想もできませんが、八十歳以上の独りぼっちの人が、私の〝勘ピュータ〟では一千万人位になると思っています。

私の体験では八十歳以上の人で、日常生活を健康そうな状態で過ごしている方をも含め、身体のどこにも異常がないという人は一人もおりません。どこかに病根を抱えています。一人で生活できずに施設に入っている人も増加します。しかしお世話する人は人口減で間に合わず、立派な施設でも、サービスは行き届きません。寝た切りの方が排泄しオシメの取り替えを頼んでも、都内の施設では早くて一時間待ち、場合によっては四～五時間も放置されているのが現状のようです。人手不足が深刻なためです。

また、そんな方を自宅で介護している家族も大変です。私の父の末の妹で、現在百二歳の叔母がおりますが、手が掛かり過ぎるし、本人も自宅に帰りたいとのことで、娘さんと旦那さんが施設から引き取り自宅で介護をしていますが、寝た切りでも頭はしっかりしていて、一日中目が離せない状態で大変だと聞きました。娘さんも旦那さんももう七十五歳を超えており、一日中緊張してヘトヘトだそうです。一日も早く天上界に旅立つことを祈っていますという悲しい嘆きも洩れ聞えてきます。以上のような場面が、三十年先はより悪化し、どうなっているのか、想像するに身の毛がよだつ思いがします。

これを少しでも緩和するには人の代わりにロボットでカバーするしかないと思い、我が社の三十年先はヒューマンロボットのメーカーに変身すべきと決断しました。

4 私の意図するロボット

(1) 寝た切りの高齢者をお世話するロボット

①精神に障害のある方に対応するロボット

ウツ病、適応障害、認知症等々の病は一度かかると完治しても再発し易くとても難しい病です。我が社はＩＴの会社ですので、この手の病を患う人は多く、業界単位では社員の一〇％は罹患して休職しています。我が社は幸い五～六％でなんとか納まっています。しかし若い方が病んでしまうと、復職してもまた発症する可能性が高いため、働く環境に充分な注意をしていますが、それでも患う人は出てきます。このロボットは高齢者で寝た切りの方を中心に心を慰めたり静めたりするロボットです。もちろんＡＩを使い、お話もできるし、心を落ち着かせるための音楽療法も心得ていて、歌も歌えて、ギターやバイオリン、ピアノも弾けて、場を盛り上げてくれます。通称「歌子ちゃん」（愛称歌ちゃん）という女性のロボットです。

②身体のあちこちが痛む方に対応するロボット

このロボットは、五本指でツボを押さえて、首や肩や背中、腰や足等々を揉んでくれるロボットです。ＡＩを活用してその方のツボを正確に押え強弱をつけて揉むので痛みを和らげます。通称「モミ彦君」、男性のロボットです。人間と同じく五本指で揉むことができるのが最大の特徴です。それによって身体のコリをほぐし、痛みを和らげることができます。今のマッサージ器は、肩を揉んでもらうと拳骨《げんこつ》でゴリゴリで痛いだけで気持良くなりません。でもこの五本の指を持つロボットは必ず痛みを和らげ患者さんが気持良くなります。「あー、スッキリした、ありがとう」という喜びの声が聞かれることでしょう。

五本指の手の開発は大変難しくＡＩをフル活用するのですが、これは最難関の仕事となるでしょう。私が三十四歳の頃、能登半島の輪島で、長い歴史のある酒蔵をコンサルしたことがあります。或る時ホテルが取れず金沢のホテルまで戻り、翌日また伺うことになってしまいました。それに気付いた社長さんから、「先生、家に泊まったら。離れの茶室に部屋はあるから」と言って頂き一泊させてもらうことになりました。その茶室は、かつて三笠宮様が能登に行幸された折に宿泊されたという由緒ある部屋だとかで、それ以降は誰も泊まった人はいないとのことでした。「そんな凄い部屋に私ごときが泊めてもらっていいのですか？」と尻込みしましたが、「もう随分昔のことだし、金沢まで戻ってまた翌日こっちに来るのは大変だから」と言われ一泊させてもらいました。部屋の調度品は素晴らしい物ばかりで、特に壁にかけてある漆器は、「これは三千万円、この花瓶は七千万円、この漆器絵は五千万円……」などと社長さんが説明して下さいましたが、全体で何億円になるのか見当もつかず、「社長さん全部でどれ位するのですか？」と尋ねた程でした。

そして社長は、「せっかく泊まるのですから、マッサージ師を呼ばれたら？　凄いマッサージ師さんがおられますから」と提案して下さいました。せっかくのご厚意ですから、喜んで甘えさせて頂きました。十分後にやってきたマッサージ師は五十代前半の方で、日赤病院に勤めているとのことでした。私が上半身裸になると、マッサージさんが軽くふあっと両手を肩に乗せたのですが、と同時にビリビリと身体に電気が走りました。ビックリして、「この人は何か電気器具でも当てたのか？」と一瞬思い、振り返って見ましたが手には何も持っておらず、「一体どういう人だ？」と思いました。

色々話を聞いてみると、当時一世を風靡していた美人女優の桑野みゆきさんが、映画のロケで三カ月もの間輪島に滞在していて、一日も欠かさずマッサージを呼んでいたそうです。「あの方のコリは相当深く、疲れで一日も欠かさずマッサージを続けられたのでしょう」と話してくれました。私も出張先でホテルに泊まる時はマッサージさんをよく呼んで揉んでもらいますが、電気が全身を走ったのはこのマッサージさんだけです。そんな日本一のマッサージ師の技術とノウハウをＡＩに学ばせ、その技を持ったロボットを世に出したい思いが強くあります。

③家政婦さん代わりのロボット

掃除、洗濯、皿洗いと、家事は細々とした片づけ事や仕事が沢山ありきりがない程です。それをこなすのが通称「よりちゃん」というロボットです。「たより」になるロボットという意味です。中でも要介護の方の食事の用意と入浴は大仕事です。食事については三十年先は冷凍食品が利用率を上げるでしょう。読者の皆さんもデパ地下やスーパーで購入したお刺身の甘エビを召し上がったことがあると思いますが、お味の方は如何でしたか？　捕りたての甘エビの味の方が断然美味で、こんなにも違うのかと驚かれたと思います。

今は船で水揚げされた甘エビの細胞を破壊させない限界と言われているマイナス二〇度で瞬間冷凍する技術がありますが、もう十年もすれば限界温度がマイナス三〇度にレベルアップするとも言われています。冷凍された甘エビは解凍するとまるで捕りたてのような美味です。三十年も先の世の中はマイナス三〇度の瞬間冷凍技術を駆使して、冷凍された料理がパック詰にされ、デパ地下、スーパー、コンビニ等で販売され、パックを解凍して温めれば料理が出来上がるようになります。

すなわちロボットでも簡単に食事の用意ができる訳です。もう一つの難事は入浴です。寝た切りの方は床ズレを起こすリスクが大です。床ズレは病気の一つです。床ズレ＝褥瘡《じょくそう》とは患者さんが長期間同じ体勢で寝た切りになった場合、体とベッドの支持面が接触し血行不全となり、周辺組織が壊死を起こし、皮膚の一部が赤くなったり、爛《ただ》れたり、傷ができてしまうことです。入浴はそれを防ぐ効果的な予防策の一つなのです。しかし、入浴は力仕事で、男性が二人がかりで三十分以上もかかります。寝た切りの方ならそれ以上ですので、毎日となると施設でも自宅でも不可能です。それを可能にしたのがベッドに寝たままで浴びるシャワーの開発です。

家電メーカーの「シリウス」さんが開発されました。患者さんがベッドに寝たまま横になってシャワーを浴びることができ、シャワーと同時に身体を洗った石鹸水を吸い取る仕組みを考え開発に成功したのです。従って入浴の手数がかかり、毎日身体を洗うのは不可という難題を乗り越えました。以上三種のロボットを生み出し世に問う努力を続けます。

(2) ロボットの特徴

私が今考えているロボットは、身長一五〇〜一五五センチ位の大きさで、金属は一切使わず、人工筋肉で人間と同じ位の体温を持っていて、二足歩行、五本指の人形《ひとがた》をしています。金属を使うとシステムが故障した時に凶器になる懸念があるからです。この男女のロボットはデザイナーがデザインした仕事着を着て仕事をします。できる限り外観を人間に似たロボットにしたいと考えております。ロボットの仕事は多岐にわたりますが、人間の良きパートナーになれる機能をつけ加え、利用者からはペットのように可愛がられるような存在になるよう努力を続けることが大切と考えています。

我が社のロボットが、誰かに手助けしてもらわなければ生活していけない人の役に立って感謝されるなら、その売上げは全て社会貢献費になる訳ですから、こんなに嬉しいことはありません。次に述べる社会貢献費の高さが、今後の企業や個人の価値評価になる時代ですからなおさらです。次の世代の人達の頑張りを期待したいと願っています。

5　ロボットの最初の試作品とコストダウン

さてここで一つ大難関があると気付きました。それはロボットの最初の試作品の価格です。十年以内にロボットの試作品を完成させる計画ですが、私の推測ではロボット一体が百万円以上になると思います。この価格では「誰が購入して利用するのか?」となります。コストを大幅にダウンさせて、白物《しろもの》家電並の価格で一体五万円以下にならないと爆発的普及は難しいでしょう。

試作品から完成品へと更に機能を詰める研究とコストダウンの追求で、次の十年以内に完成させたいと考えています。少し時間をかけてコストダウンの努力をすれば、技術の急速な進歩も手伝って多分可能だと思っています。自動掃除機「ルンバ」が初めて世に出た時の価格が確か二十五万円もして、「誰がこんな高い掃除機を買うのか?」と、疑問に思い家内と話したことを記憶していますが、今はもう個人でも充分購入できる価格になっています。多分競合するライバルも沢山生まれて、切磋琢磨してコストダウンに成功したのでしょう。日本でロボット事業が成功したら嬉しい限りです。

いずれ日本でも私共と同じ考えを持つライバルが現れると思いますが、そんなライバルが多い程技術レベルは上がるし、コストダウンも進むことでしょう。競うより協力し合ってより良い製品が世に送り出されることを願っております。

日本での事業が成功した暁には、ステージを一ランク上げて世界に進出することになると思います。そんなタイミングを見計らって挑戦する予定です。その時のスローガンは、「飛び出そう、世界がホロンのマーケット」と決めています。これが最終的な狙いです。そんな夢を見ながら、余生数年の私が陣頭指揮をしながら突き進んで行きたいと考えています。

「歌子ちゃん」、「モミ彦君」、「よりちゃん」、あなた方が「ありがとう、助かっているよ」と声をかけられ、家族の一員の如く受け入れられることを願い、寄り添っている方が心安らかに人生を全うされるよう頑張って下さい。

6　三十年先は企業の評価基準が変わる

(1) 現在の企業評価

立派な会社、凄い会社という評価は、今は規模の大きさと稼ぐ利益の多さで決まってしまいますが、三十年先は人々の価値観が変わり、社会にどれだけ貢献しているかという「社会貢献度」という視点が重要視されるようになると思います。大企業だけでなく中小企業も、我が身に合った社会貢献が評価されることになるでしょう。

私はそんな世の中になることを願っています。

(2) 新たな価値基準

大企業の使命は国の経済を活性化させ、国民の生活水準のレベルアップに貢献することです。売上げ、利益が兆円を超えるビックビジネスは、特に国力や国民の収入アップや生活水準を上げることに努力すべきと考えます。中小企業にも、それなりに社会貢献に熱心な会社がありますが、今まではあまり世間の話題にもなりませんでした。しかし三十年先は価値観が変わり、中小企業の社会貢献が話題になることが多くなるでしょう。

昔から日本の経済は「二重構造」と言われていて、現在もその残滓が少なからずあるようです。日本は会社が三百六十万社（中小企業庁調べ）もあります。しかしその実態は、九五％の会社が中小企業で、大企業の下請けが多いと言われています。数にして五％の大企業が下請関係の多い中小企業に対し、仕事を出してやるからこの価格でヤレと押しつけ、イヤなら切るぞと脅かすのです。仕事を出してもらえないと即倒産につながる恐れがあるため、やむなくその要請を呑み込まざるを得ないという構造です。両者がＷＩＮ・ＷＩＮになるような関係でないと、これからの経済発展は難しいでしょう。

中小企業の場合は基本的には分相応の貢献ということでしょうが、それをどんなメジャーで計るかが重要です。私の考えでは金額の大きさではなく、利益に対し社会貢献金額のパーセンテージがどれ程かという指標が良いのではと考えています。すなわち、当該企業が一年間に社会貢献費として支出した金額が、利益の何％に当たるか、パーセンテージの高低で貢献度を計るのがベターかと思います。公的機関が貢献度のパーセンテージをランク付けして基準を示し、各企業は自社の現状を考慮して独自の基準を作成し、公示された基準に追いつき追い越すよう動機付けするのがいいと思います。

このようなことが実現すれば、今まであまり世間の話題にもならなかった企業に日が当たり、企業の活性化にもつながるのではと思います。兆円を超えるビッグビジネス企業の場合は既に、スポーツ支援や色々な施設等への寄付等で社会貢献の金額は多額な数字になっていますが、国力向上のため国のＧＤＰを上げることに関わる金額を特定し貢献度を計ることが大切です。いわば国力向上への貢献がいか程かを算出して、その大小を競うようにすべきかと考えています。いずれ知見のある専門家達の手を借り、基準となる考え方、貢献度の計算方式、数値のレベル等々の評価システムを決めて世間に発表してもらいたいものです。

中小企業の場合、前述したように大企業から仕事を貰うケースが多く、この場合、仕事をいくらしても大企業にプラスになるだけで、仕事をすればする程社会貢献度がゼロにカウントされます。プラスを受けるのは大企業のみですから、この壁を破り対等での交渉ができる条件整備が重要です。国もこんな状況を配慮して法的処置を考え実行しなければＷＩＮ・ＷＩＮの関係にはなかなか進まないと思います。

そんな訳で、相反する利害関係者が多少の妥協をしながら国の見解も考慮してまとめないと一致協力した社会貢献に前向きの国家に成長できないと思っています。国が明確な国家戦略を持たぬまま現状に満足していると、知らぬ間に他国に追い抜かれてしまいます。そのいい例が半導体です。かつて日本は半導体の技術では世界一の座に君臨していましたが、いつの間にか追い抜かれてしまいました。この原因は、オゴリと油断、国家戦略の欠如にあると思っています。

(3) 社員の社会貢献度が別立てで評価される時代へ

社員は年に一、二度人事考課で会社への貢献度を問われ、それに応じて賞与や昇給、昇進等々の評価を受けます。これは主に会社の業績にどれ程貢献したかという評価ですが、職位が上がる程、部下の管理や育成指導や本人の人格評価にも踏み入って評価されます。現在各企業で実施されている人事評価です。

しかし三十年先には、社員が自発的に実施したボランティアの実績が評価の対象となるでしょう。言わば社会への個人貢献度です。例えば子供達に野球のコーチとして指導したとか、老人ホームを訪問して寸劇を披露して老人達を楽しませたとか、女性ですとホームの老女達に化粧をしてやり喜ばせたとか等々です。これに費やした時間を記録して一年間合計すると、あなたが一年間に費やしたボランティアの時間となります。そして、一年間にあなたが会社で働いて得た総収入金額にボランティアのため自腹を切った金額を加えた合計額を一年間の総労働時間で割れば、あなたの一時間当たりの稼ぎがいくらかの金額が出ます。その金額にボランティア時間をかけてボランティアの金額を出すことができます。それがあなたの社会貢献金額です。

ボランティアと言っても多岐にわたる活動の仕事があり、ご自分の得意の分野の活動をすることが効率もよく、また役にも立ちます。私の行きつけの床屋さんの担当者は女性ですが、今は七十代で定年を経ていますが、勤めていた床屋さんの社員の時から彼女のファンだった人達の要望で自宅で散髪を続けています。私も大ファンの一人で、この三十年間位は、彼女が病気でもしない限り月に一度は散髪をしてもらっています。何時も途中でイビキをかいて眠り込んでしまい、それ程気分が良くなります。「髪を流しますから」と声をかけられハッと目を覚まし、洗い流してもらいますと、最後の仕上げで終わりとなります。その後、首と肩を三~四分揉んでくれるのですが、これがまた大変上手で気持が良くてたまりません。ツボをしっかり押さえてのマッサージが格別です。「散髪もいいけどマッサージ師に職を変えても大丈夫だね」と冗談を言うと、「指を使う筋肉が違うから、二つやるとどちらもダメになるから、散髪を主にマッサージは長くても五分以内に」ということでした。彼女は週に一日は老人ホームに出かけて、ボランティアで入所者の散髪をしており、入所者に大変喜んでもらっています。

このように自分が持っているプロの技術を活用するボランティアが、一番本人にも相手にも役立つと思います。そうは言ってもプロ並みの技術を持っている方は稀ですから、今のご自分の力で最も役立ちそうな活動を考え実行してもらうのがベターだと思います。

(4) ボランティア手帳に記録

ボランティアを決意したなら、ぜひボランティア手帳にあなたのボランティア活動を記録して下さい。ノートでいいので一冊用意して下さい。記録するのは以下の通りです。

①ボランティア活動の内容を記録

実施した年月日、働いた場所、何時から何時まで計○○時間という実働時間（ボランティア現場迄の行き帰りの時間は除外）、支払った交通費、その他必要経費の金額及びボランティアに必要な購入品、ボランティア活動の中味を具体的に記述しましょう。

②ボランティア活動の反省と改善点

知らない人達とのコミュニケーションが充分上手くいったか否か。否の場合はどう改善するかの対策等を考え実行することが大切です。この記録は後々あなたの宝物になるでしょう。

(5) 三十年先は社員個人のボランティアが評価される

社員個人の人事考課に社員のボランティアによる社会貢献が加えられる。そんな世の中になると思います。どんな尺度で評価されるのかは分かりませんが、前述したように多分あなたが会社から支払われた一年間の総収入金額を総労働時間で割れば、一時間当たりのあなたの稼ぎが出ます。それにボランティアの時間をかければ、あなたのボランティアでの社会貢献金額が出ます。ボランティアに参加した社員全員の金額を集計すれば、その金額が当該会社の社員のボランティアで社会貢献をした金額になります。そして各人一人ひとりの金額は、会社の定めた基準で評価されると思います。

多分評価は、（よく頑張りました。立派な貢献です）、（相応な頑張りでした）、（もう一頑張りをしましょう）などと、最初は大きく三段階位の評価基準で格付けされるものと思います。評価は各々の会社の作成した基準に照らして実施されます。すなわち今までの会社の収益に対する貢献度による人事考課と、もう一つ重要なボランティアの各人毎の考課の二本立てとなります。この二つの基準で人事考課され、昇給、昇格、賞与等々が決まることになります。そしてボランティアの評価ウエイトが徐々に高まっていくのではと思います。

⑹ 尊敬される会社に

前述した社員一人当たりの年額社会貢献金額を算出して、ボランティアに参加した社員全員の貢献金額を計算して下さい。それが当該会社の社員全員の社会貢献金額です。そして、会社によっては利益の何%かで評価されたり、会社で定めた基準により評価されます。たとえ規模が小さくても、パーセンテージが高ければマスコミからの注目度は高くなり、知名度も今より上がり、会社の業績にも良い影響力を与えるでしょう。「あの会社は小さいが、社員達の社会貢献度は素晴しい」となれば、会社自体が世の中から尊敬される存在になるでしょう。この状態が継続するなら、これは「善の循環」が始まったと言ってもよいでしょう。

⑺ 二本立ての人事考課の評価に悩む

この二本立ての社員評価はなかなか難しい評価になります。と言うのも、例えば仕事がよくできるがために、仕事が集中してボランティアどころではない人と、割とヒマな時間が取れてボランティア活動に熱中した人との評価では、前者には高い評価が、後者には低い評価がつけられる傾向になると思います。ボランティアより会社の業績に貢献する方がより重要と考える社員や上司の方が、現在は圧倒的に多いのが現状ですから。

社員の本分は自社の業績に貢献することにある訳ですから評価としては当然のことでしょう。しかし三十年先には、社会貢献が国の力を大きく引き上げる、即ち国民相互が助け合うことで、一致協力する団結心が注目されて、下から盛り上がる力が国家繁栄の基盤になる、と考える人が少しずつ増え続けて、ボランティア活動は年を追って大きなウネリになるのではと考えられるからです。政治が国家戦略を「富国を目指して豊かな国民生活向上」を掲げて進むなら、個人のボランティア活動は大きなウネリに成長する可能性は大なりと思います。

個人のボランティア活動が組織的な集まりとなり大きく成長すれば、国まで動かす大きな力を秘めているのです。そんな思いを持ち、日本が世界から注目される国に成長発展することを願って筆を擱《お》きます。

〈了〉

著者プロフィール

小林 正博（こばやし まさひろ）

1937年新潟県長岡市生まれ。
1961年京都大学経済学部卒業。
在学中田杉競教授のゼミナールにて経営学を学ぶ。
卒業後、化学会社、コンサルティングファームを経て、
1973年経営システム研究所を創設。
ゼネラルコンサルタントとしてトップマネジメントを中心に
経営指導、診断、講演、研修、執筆と活躍中。
1988年５月株式会社ホロンシステムを設立し、
代表取締役会長として現在に至る。
【主な著書】
『小さな会社の社長学』（1989年/PHP研究所）
『小さな会社の成長学』（1991年/PHP研究所）
『息子を鍛えて二代目にする本』（1996年/PHP研究所）
『会社を利用して能力を磨け！』（1996年/大和出版）
『人を使える人間になる32の仕事術』（2000年/大和出版） など多数

オーイ大谷君!!　我が人生も「三十年間」二刀流

2025年２月15日　初版第１刷発行

著　者　小林 正博
発行者　瓜谷 綱延
発行所　株式会社文芸社
〒160-0022 東京都新宿区新宿1－10－1
電話 03-5369-3060（代表）
03-5369-2299（販売）

印刷所　TOPPANクロレ株式会社

ISBN978-4-286-26142-3　　JASRAC 出 2408312－401